| 何帆 著

变量

看见中国社会小趋势

中信出版集团 | 北京

图书在版编目（CIP）数据

变量：看见中国社会小趋势 / 何帆著. -- 北京：中信出版社，2019.1
ISBN 978–7–5086–9817–5

Ⅰ.①变… Ⅱ.①何… Ⅲ.①中国经济－研究 Ⅳ.①F12

中国版本图书馆CIP数据核字（2018）第261877号

变量——看见中国社会小趋势

著　　者：何　帆
出版发行：中信出版集团股份有限公司
　　　　　（北京市朝阳区惠新东街甲4号富盛大厦2座　邮编　100029）
承　印　者：北京鹏润伟业印刷有限公司

开　　本：880mm×1230mm　1/32　　印　张：8　　字　数：170千字
版　　次：2019年1月第1版　　　　　印　次：2019年1月第1次印刷
广告经营许可证：京朝工商广字第8087号
书　　号：ISBN 978–7–5086–9817–5
定　　价：59.00元

版权所有·侵权必究
如有印刷、装订问题，本公司负责调换。
服务热线：400-600-8099
投稿邮箱：author@citicpub.com

献给未来的一代

感谢得到App的知识赞助

目 录

前 言 V

第一章
怎样观察一棵树

两棵树　004

30年　006

长河与大树　008

历史感　013

冲击与反转　019

快变量和慢变量　022

大趋势和小趋势　029

5个变量　032

第二章
在无人地带寻找无人机

火星上的农业　054
极客极飞　056
秋收起"翼"　059
寻找场景　061
猜猜谁在敲门　075
匹配　085
水稻和稗草　087
群众路线　092

第三章
老兵不死

跟汽车说话的人　110
完美曲线　113
新造车运动　116
海尔的老兵　123
企业必死，生态永存　127
凡是过去，皆为序曲　130
Sky流　133
电子竞技"超级碗"　136
新与旧　143

第四章
在菜市场遇见城市设计师

城市盯梢者　154

菜市场小贩的手　156

自上而下和自下而上　159

单核城市和多核城市　164

谁是东莞人？　165

城市新物种　170

林哥　172

卑微者最顽强　174

精明收缩　179

DNA Café　182

颜值革命　186

第五章
阿那亚和范家小学

托克维尔在阿那亚　202
街角咖啡馆　205
第二人生　207
从云到雨　211
重建社群　214
剧情反转　219
范家小学的孩子　220
张校长　227
两条路　232
夕阳无言　236

后　记　241
致　谢　243

前言

这是一套年度报告系列丛书的第一本。这套丛书的写作时间跨度是 30 年,我会每年写一本书,一共写 30 本,记录中国历史上一段最激动人心的时期发生的故事。

不是因为我过于狂妄,而是因为这样一个伟大的时代激发出了像我这样的凡人的雄心,使我试图用忘我的工作,创作出比自己更宏大的事物。

本书的年度主题是冲击与反转。对这个主题最简单的阐释是:2018 年,中国经济遇到了各种冲击,但历史从来都在势能凝聚处出现转折。

在本书的第一章,我会先介绍自己的方法论。我们会像观察一棵树一样细致地观察中国的变化。通过观察嫩芽和新枝,并不断把目光拉回母体,我们才能更好地感知中国这棵大树的生命力。

我也会讲到，我采用的预判未来趋势、展示历史面貌的方法是：在慢变量中寻找小趋势。

当我们讲到冲击的时候，不能不谈 2018 年中美贸易摩擦。中美贸易摩擦只是一根树枝，中美关系才是大树。贸易摩擦本身并不值得过度恐慌，但中美关系出现转折点需要我们高度警觉。中美关系只是一棵树，全球政治经济格局才是森林。从小趋势入手，我们需要格外关注各国政治经济中正在涌动的一股暗流：民粹主义的兴起。当我们观察中美关系变化的原因时，不能只看到中美之间相对力量的变化，再往深层看，就会看到美国民粹主义带来其国内政治撕裂。内政会影响外交。在未来的全球政治经济格局中，民粹主义是一种谁也无法回避的力量。

在中国经济这棵大树遭遇贸易摩擦带来的暴风骤雨般的打击之后，我们自然会关心它能不能撑得住。那就要检查一下这棵树的树干。过去 30 年，推动中国经济发展的三个最主要的慢变量是工业化、城市化和技术创新。我分别检查了这三个慢变量：中国的工业化没有停止，城市化没有停止，技术创新也没有停止。这三种慢变量一旦打开就无法合上，它们就像三股洋流，会继续把我们带到很远的地方。

但是，在这三种慢变量中，我也发现了三个有趣的小趋势。无论是工业化、城市化还是技术创新，都会出现意想不到的变化。当人们都在谈论核心技术的重要性时，我发现，至少在技术创新的初期，寻找应用场景才是更重要的。最适合中国市场环境的战略应该是充分发挥群众的力量。当人们都在追捧互联网等新兴产业的时候，我发现，传统产业的潜力可能被低估了。在互联网深入传统产业的腹地之后，会遇到难以攻克的城堡。老兵不死，他们只是穿上了新的军装，学会了新的打法，并会出人意料地绝地反击。在这种情况下，最稳扎稳打的战略应该是新旧结合，继承与创新并重。当人们都在关心房价走势的时候，我发现，城市在进行一场静悄悄的"革命"。自下而上的力量浮出水面，这种力量会让城市保持多样性、开放性和创造力，并引发一场城市里的"颜值革命"，让人们有更大的空间自己创造美好生活。

最后，我还要告诉你，历史从来都是一个"反转大师"。在灰暗的背景下，不要忽视那些看似微弱的亮光。有些小趋势会在很久之后才真正发挥威力。我看到的这种刚刚萌芽的小趋势是重建社群。这种力量会逐渐修正，消除人性中的自私、偏见和戾气，营造一种更和谐的公共生活，给我们自己，也给我们的孩子营造一个更有希望的未来。仔细观察，你会发现，这股强大的力量就来自中国这棵大树生生不息的生命力。

野火烧后，新木丛生。未来的历史学家会把 2018 年视为一个新的起点。

第一章
怎样观察一棵树

2018年是一个新的开端。生活在 2018 年的人感受到的是中国经济遇到的各种冲击：中美贸易摩擦、经济增长回落、股市下跌。他们会感到焦虑和担忧。旧路标已经消失，新秩序尚未出现。未来 30 年出现的一系列变化将挑战我们的认知，但历史从来都是一位"魔术师"，未来会出现意想不到的变化。在这一章，我会讲述如何像细致地观察一棵树一样观察历史，怎样从每年长出的"嫩芽"去判断中华文明这棵大树的生命力。我还会告诉你两个重要的概念：慢变量和小趋势。感知历史，就要学会从慢变量中寻找小趋势。

两棵树

　　在单调而广阔的齐鲁平原上,哪怕有一小片低矮的丘陵敢于站起来,也会给人以奇峰突起的感觉。我们进山的时候,夕阳正从厚厚的云霾中努力探出头,一会儿露出半圆,一会儿像一弯新月。绕过城顶山,向上攀登到山腰,就能看到两棵树。一棵是银杏树,另一棵也是银杏树。左边的是雌树,密密麻麻地挂满了银杏果;右边的是雄树,从树根处又长出一丛丛细嫩的新枝。两棵树均高30余米,雄树树干周长5.2米,雌树树干周长6米,相距不过数米,虬曲苍劲,枝柯交错。这两棵银杏树位于山东省安丘市石埠子镇孟家旺村。

　　从这里极目远望,到处都能看到真实而残酷的历史。西北方是齐长城的遗址,依稀可以分辨出拱起之处,东北方是1943年日军围攻国民党113师的战场。山顶上还能看到玄武岩垒砌的墙基,这里曾是捻军扎营的地方。

　　真实的历史几乎湮灭,虚幻的传说依然流传甚广。相传,这两棵银杏树是孔子在2500年前手植。[1] 孔子把女儿嫁给了公冶长,公冶长在此地结庐隐居,孔子是过来看望女儿女婿的。这两棵树真的是孔子手植?不管是不是真的,这个传说为古树增添了"仙气"。两棵树的树干和树枝上缠满了红布条,那是周围的人们过来祈愿时留下的。可是,孔子带着几位弟子周游列国,大致的路线是朝西走,到过卫国、郑国,困于陈、蔡之间。他是什么时候东游至当时属于莒国的安丘的呢？两棵银杏树的东侧有一座公冶长书院，相传是公冶长读书之处。按成书于明万历年间（1573—1620）的《安丘县志》所载，在明成化十三年（1477），安丘知县陈文伟路过此地，看到公冶长书院"四壁俱废，一址独存"，始重修祠堂，后又数次重建。书院所存石碑中最早的是明代的，字迹已不可辨识，还有一碑是清道光年间（1821—1850）所立。公冶长书院最早是什么时候修建的？《论语》中只有一句话提到过公冶长，史上真有其人？

我问当地人，但没有人能告诉我确凿的答案。淳朴的山民笑着摇摇头，热情地请我品尝刚刚摘下来的栗子。我们对历史的熟悉程度还不如这两棵树。这里看似安谧祥和，实则地势险要，可以西入群山、东出平原，历来是兵家必争之地。这两棵银杏树能够历经兵燹依然保持完好，是个奇迹。我有无数个问题想问。一阵风吹来，银杏树沙沙作响，它们同情地看着我，像看一个迷路的孩子。

假如传说是真的，那么当我摩挲着这两棵银杏树粗糙的树皮时，冥冥之中，我可以和孔子的手相触。假如中国的历史以 3 000 年大略而计，30 年算一代人，那么每一代出一位代表，只要 100 人就能讲完中国的历史。这 100 个人站成一排，也不过 50 米长。这 100 个人坐在一起，坐不满一间大一点儿的教室。每一代中只要有一个人专心讲述他们那一代 30 年的故事，我们就能拥有一份相当完整、生动的历史记录。

可是，那么多的往事，为什么都随风远逝，荡然无存了呢？

30 年

2018年，我在这两棵树前发了一个宏愿：在未来30年，我要每年写一本书，记录中国的变化。

在历史上的重要转折时期，身处其中的人们往往懵懂不知，但我们现在可以清楚地看到，中国历史上很难再有像以后的30年这样令人激动人心的岁月了。虽然中国历史从不缺惊涛骇浪、沧海桑田，但未来的30年是我们从未经历过的。我们已经进入一片没有航海图的水域，一系列重大的变化将挑战我们的认知。没有比书写这一段我们即将亲身经历的时代更有意思的事情了。这就是我的目标：每年写一本书，写30年，记录中国最重要的一段历史。

你正在读的这本书，以及在它之后的29本书，与你所熟悉的年度大事记、年报等都不一样：不是简单地汇总每年的重大新闻事件，也不是回顾与展望每年的经济社会形势。我将采用一种新的体例。

我的目标读者群和别的书不一样。我想同时写给当代的读者和30年后的读者看。当代读者站得离历史太近，容易把局部的细节看成整体，把短暂的波动看成长久的趋势，容易忽视正在萌芽的微小变量。我希望能够按照历史的真实比例描述每一个事件，帮你勾勒出历史的清晰轮廓。未来的读者已经知道了历史的剧情，但隔着30年的时间距离，很多细节已经模糊，我会帮你还原现场。假如真的有时间旅行机器，可以让你回到30年前，本书就是你和当年的人的接头暗号，你能感知到和他们一样的心情。

我叙述历史的模式和别的书不一样。我会努力寻找支撑中国未来发展的新变量。我对任何一个新变量的选择，都是基于这样的尺度：30年后，在中国的社会经济体系中，这个变量很可能会生长成一种不可或缺的支撑力量。我会亲临现场，帮你描述这个变量，让你触摸到它，感受到它的质感，同时，我还会告诉你这个变量背后的逻辑，让你理解它是如何生长出来的，又将如何逐渐成长壮大。

我的观察视角和别的书不一样。==我会尝试用一种"鹰眼视角"来观察这些变量：既看到远处的群山，又看到草丛中的兔子==。向远望，方圆10公里的视野都能尽收眼底；盯住看，地上跑的一只兔子的毛也能辨认清楚。我会既让你看到生动的细节，又让你看到宏大的全局。

我在过去一年内走访了中国20多个省市，巡游了10多个国家，拜访了政策制定者、智库学者、大学教授、创业者、对冲基金操盘手、汽车工程师、房地产商、新闻记者、音乐家、律师、电子竞技选手、咖啡店老板娘、菜场小贩、小学校长、小镇青年、留守儿童等。这些变量是我为你沙里淘金挖出来的闪光珍宝。

长河与大树

我的目标是身临其境地观察和记录当代历史。说到写历史，有很多出色的历史作家，他们是怎么描述历史的呢？

巴巴拉·塔奇曼是我非常喜欢的一位历史作家。她写过《八月炮火》《史迪威与美国在中国的经验》等普利策奖获奖作品。《八月炮火》试图解释为什么在1914年8月爆发了第一次世界大战。为了写这本书，她开着一辆雷诺车，同样在一个8月，沿着德国入侵的路线（卢森堡、比利时、法国北部）重访当年的战场。她去测量默兹河的宽度，在这里发生的列日战役是第一次世界大战的第一场战役；她像当年的法国士兵一样站在孚日山脉上俯视刚刚陷落的阿尔萨斯；她看到了田野里一片挂着成熟麦穗的小麦，或许骑兵队也从这里走过。她对每一个细节千锤百炼。有个读者告诉她很喜欢《八月炮火》中的一段文字，那段写到英军在法国登陆的下午，一声夏日的惊雷在半空炸响，抬头看是血色残阳。这是塔奇曼在一位英国军官的回忆录里找到的真实细节。那位军官就在现场，听到了雷声，也看到了日落。

塔奇曼志向宏伟，她认为最好的历史作家应该把事实证据和"最广博的智力活动、最温暖的人类同情心和最高级的想象力"结合起来，但是在选择叙事模式的时候，她忠实地坚持按时间顺序的编年史写法,一步步写出历史事件的来龙去脉,让历史像江河一样流淌。[2]

这似乎是描写历史的唯一一种方式。这是自古以来人们对历史的隐喻。子在川上曰,逝者如斯夫。赫拉克利特说,人不能两次踏进同一条河流。我把这种叙述模式称为"长河模式"。

为什么哲人们会不约而同地选择河流作为历史的隐喻呢?文明的起源大多在河流岸边,从幼发拉底河到尼罗河,从长江、黄河到密西西比河,河流把最古老的村庄、城市、国家连缀起来,流光溢彩。长河模式也符合物理学对时间的认识。热力学第二定律表明宇宙中的熵只能增大,不能减小,这导致了时间的不可逆性。虽然在爱因斯坦的物理学体系中,时间也像河流一样,在不同的地方以不同的速度流逝,但穿越时间回到过去是不可能的。尤其不能忽视的是,长河模式作为一种历史观,能够让人踏实。如果我们知道河流不管如何最终一定会汇入大海,就会拥有坚定的方向感。

沿着时间之河顺流而下,我们大致可以知道未来30年的模样:

● 中国的GDP(国内生产总值)规模超过美国只是个时间问题。按照普华永道的预测,中国在2030年的GDP规模会超过美国,印度会紧随美国之后。[3]

- 中国的人均收入从中等收入迈进高收入也只是个时间问题。按照国际货币基金组织的预测，大约在2021年，中国的人均收入会超过12 055美元这道高收入国家的门槛。[4] 在中国之前加入高收入国家俱乐部的很可能是马来西亚，而紧随中国之后有哥斯达黎加、黎巴嫩、土耳其、赤道几内亚和俄罗斯。

- 中国进入老龄社会乃至深度老龄社会已是大势所趋。2016年年底，中国60岁以上的老年人口已达2.3亿，占总人口的16.7%，到2025年，中国60岁以上的老年人口至少有3亿。

- 据国际能源组织预测，大约到2040年，石油峰值将会到来。[5] 能源格局的调整，势必搅动全球政治经济。

- 按照《生命3.0》作者、物理学家迈克斯·泰格马克向科学界同行开展的问卷调查，大部分科学家认为相当于人类水平的通用人工智能大约会在2055年甚至更早出现。[6] 技术奇点，在我们有生之年就可能降临。

<u>有一些结果我们现在就能预测，但这不代表着我们能知道未来</u>。一个GDP规模比美国还大的国家会如何影响世界格局？在中国加入高收入国家俱乐部之后，中国人就能从此过上童话般的幸

福生活吗？一个白发苍苍的老龄中国是什么样子的？人工智能会怎样替代人类的工作，什么时候会替代我的工作？

在这些预言中，我们看不到真正的历史过程。虽然我们知道最终百川东到海，但没有亲身体会，就不可能知道沿途的风光。

长河模式更适合从后往前看，对历史进行复盘，描述在一个更长的时段（比如3 000年）内的历史演变，但用长河模式来描述30年的变化是索然无味的。30年内会发生很多变化，但也有很多东西在30年的时间段内不会变化。我要寻找的叙事模式不能和塔奇曼等经典历史作家的风格一样，我必须找到一种新的叙事模式，平衡在30年的时间尺度里发生的变与不变。

去哪里找这样一种新的叙事模式呢？

公冶长书院门口的两棵银杏树给了我一个灵感。我需要的叙事模式是大树模式。当我们试图理解中国未来30年的变化时，实际上是在观察一棵树。

一棵树？一棵树有什么可观察的？

你当然知道树是有生命力的，你知道一棵树会从幼苗长成大树，你也知道年复一年，春天吐芽，秋天落叶，但几乎无法观察到树木缓慢、渐进的生长，因此也就难以感受其生命本质，除非你真的去仔细观察了。当你看到迅速膨大的苞芽、静静舒展的嫩叶、一翕一张的绒毛、慢慢渗出的树汁时，你才会突然惊叹：原来它们是活的。歌德说："思考比了解更有意思，但比不上观察。"

园艺作家南茜·罗斯·胡格写过一本书，叫《怎样观察一棵树》。[7]胡格写道，想要欣赏一棵树的生命力，需要多年内定期去观察它的变化。就拿银杏树来说吧，幼年的银杏树像青春期的男孩，胳膊和腿都乱长，新长出的枝丫大大咧咧地戳向空中，看起来更像个衣帽架。银杏树的生长速度很慢，没有二三十年的时间，你分辨不出哪一棵是雄树，哪一棵是雌树。只有像公冶长书院门口这样的老树才会长出圆润的树冠。

你不能只用我们习惯的广角去观察一棵树，你要学会用各种视角观察，比如，必要的时候，你要在显微镜下观察。1894年9月，日本福井中学的图画老师平濑作五郎在东京大学小石川植物园内的一棵银杏树上采集花粉时发现，银杏树居然有精子，精子上还有鞭毛，能一晃一晃地游动。你要从高往低看，还要从低往高看，你要观察落叶如何腐烂、种子如何落地，还要观察迟来的霜冻、比往年更久的干旱；你要观察虫害，观察树枝上的鸟巢，以及孤零零地挂在枝上的过冬叶；你要观察整片树林、整个生态系统，因为没有一棵树是孤立的。

当你观察开始发胀的果实、悄然飘落的树叶或叶尖露出的点点焦黄时，你关心的并不是那一片叶子、一颗果实，而是这棵树的母体。当我们像观察嫩芽一样去观察"新变量"的时候，我们想要了解的是中国这棵大树的母体是否依然健康。

长河模式是单向度的，它通过描述历史这条河流的曲折行程，告诉我们历史的最终归宿。大树模式是多维度的，它通过观察嫩芽和新枝，并不断把目光拉回母体，帮助我们去体察母体的生命力。

钱穆在《国史大纲》的开篇就说："所谓对其本国已往历史略有所知者，尤必附随一种对其本国已往历史之温情与敬意。"[8]亲爱的读者，这是我和你之间的契约。我的书是写给对中国的母体有着深切关怀的读者的。我期待，当我告诉你春天里长出来的第一枚嫩芽的时候，你会和我一样高兴。

历史感

当我们选择了大树模式而不是长河模式时，你就会发现，我关心的并不是如何复述历史，而是寻找一种历史感。虽然我是在现场记录的，但我写下的不是当下的新闻，也不是未来的史料，我研究的是变量背后的逻辑。我写书不是为了"藏之名山，传之其人"。我的写作只有一个目的，那就是唤醒你的历史感，让你能够更好地理解自己的命运以及自己所处的时代。

这个历史感到底是什么呢？首先要澄清一点：历史感不是历史。我不愿意陷入关于历史的无休止的争论之中。美国著名历史学家威尔·杜兰特及其夫人阿里尔·杜兰特花了50年时间写下1 500万字，完成了一部气势恢宏的《世界文明史》。研究了这么多年的历史，他们却告诉我们："绝大部分历史是猜测，其余的部分则是偏见。"想要归纳历史的规律，想要探究历史哲学，都是水中捞月、雾里看花。"历史嘲笑一切试图将其纳入理论范式和逻辑规范的做法。历史是对我们概括化的大反动，它打破了全部的规则：历史是个怪胎。"[9]

一个学者的视野越开阔，他的观点就越谦卑。我会记住杜兰特夫妇的提醒：我不会费尽心机还原历史或臆想历史的规律，我也不会绞尽脑汁预测未来。<u>和所有的复杂体系一样，历史在本质上是无法预测的</u>。

但当下的我们比任何时候都更需要历史感，因为我们正处在一个身如转蓬、无依无靠的转型时代。

没有比比特币行情更大起大落的市场了。2014年年底，比特币暴跌，无人问津。一度成为全球最大比特币交易平台的OKCoin的创始人徐明星曾说："那时巴不得谁能来骂你一下就好了。"2017年年初，比特币突然暴涨，市场进入癫狂状态，但意想不到的风险也随之而来。2018年9月11日，徐明星被维权者堵在上海市公安局浦东分局潍坊新村派出所里，中午饿了，但身上没钱，于是，守在门外的维权者凑了10元钱，买了包子给徐明星当午餐。徐明星的午餐有了，比特币的下一顿盛宴在哪里？

没有比房地产扩张规模更大的行业了。宏立城在中国并不算最大的房地产公司，但它在贵州造出了中国最大的棚户区改造项目。这个叫花果园的项目位于贵阳市中心，被称为"中国第一神盘"。中国市场似乎已经满足不了宏立城扩张规模的野心了。2017年,宏立城雄心勃勃地要进军海外,与印度尼西亚最大的金融控股财团之一力宝集团合作开发美加达新城,该项目规模是花果园的4倍,但不到一年就铩羽而归。2017年年底,宏立城与碧桂园展开合作。碧桂园也是一家房地产企业,其规模远大于宏立城,扩张规模的速度远快于宏立城,遇到的麻烦也比宏立城更大。2018年,碧桂园陷入了和宏立城遇到的几乎一模一样的海外陷阱。碧桂园要在马来西亚的依斯干达特区(一个距离新加坡直线距离仅两公里的地方)建一座占地面积20平方公里的"森林城市"。一位新加坡朋友专门带我去那里看房。除了保安和保洁人员外,你在那里很少能见到马来西亚人,买房的基本上都是以中国人为主的外国人。2018年,92岁的马哈蒂尔在马来西亚大选中出人意外地当选新一届总理,他一上台就宣称森林城市项目不得向外国人销售,马来西亚政府也不会就森林城市的居住权向外国人发放签证。森林城市的未来是城还是坑?

没有比演艺圈前后反差更大的圈子了。2018年4月26日,红极一时的影星范冰冰的弟弟范丞丞更新了一条微博:让你们破费了。刚刚年满18岁的他贴出了两张照片,你要支付60元才能看到第二张照片的高清原图。神奇的事情发生了:一夜之间,8万人下单,范丞丞睡了一觉就赚了480万元。其所在公司乐华娱乐随后声明,这些钱并不是全给范丞丞一个人的。谁也没有想到,一个月之后，由于陈年恩怨，前中央电视台主持人崔永元怒批范冰冰，揭露艺人们惯于用"阴阳合同"逃避征税。10月3日，江苏省税务局对范冰冰及其担任法人代表的企业追缴近8.84亿元罚款，范冰冰公开道歉。不到半年，演艺圈似乎从盛夏进入寒冬，一片肃杀，满目愁云。偶像纷纷落马，围观的人们还会继续"娱乐至死"吗？

没有比消费降级更让人心慌的话题了。2018年，当我们尝试和社会底层民众聊起消费降级的时候，他们对这个话题没有什么特别的感受。留在小山村的农民没有觉得什么在降级，但他们知道远在沿海城市的儿女说起过，现在业务不如以前好做了。与我们主动聊起这个话题的人都是中产阶层人士。这个话题甚至可以成为检测谁是中产阶层人士的"试纸"。仔细打听后你会知道，他们的工作没有丢，工资也没有下降，他们已经买了房，房价没有大跌，如果是在2017年利率上涨前买的房，月供也没有增加。是的，股价是跌了不少，但他们以前也没有从股市里赚过钱。他们本不应有什么焦虑，可是，他们比谁都要焦虑。漫天飞的都是似是而非的消息，他们有的取消了到国外度假的计划，有的戒掉了买名牌的习惯。是我们的所求太多，还是我们的所得太少？

没有人比年轻人更关心未来命运的了。2018年，一个叫崔庆涛的17岁云南农村男孩，一个叫李娜的11岁四川农村女孩，他们都毕业了。7月22日，崔庆涛收到了北京大学的录取通知书，当时他正在云南省曲靖市会泽县者海镇箐口塘建筑工地上帮打工的爸爸拌砂浆。距此一个多月前，李娜小学毕业了。6月23日，爷爷到学校接李娜回家。爷爷跟老师一个劲儿地说谢谢，李娜一直低着头，没有回头，背着被褥，离开了学校。李娜的故事我会在第五章讲给你听。李娜会走一条和崔庆涛一样的道路吗？崔庆涛又会有什么样的人生际遇呢？

每个人的一生都会有高低起落，普通人会忽视自己的日常生活和历史进程的联系。社会的变化太快，人们感到力不从心。骤然面对急速变化的时代，人们自然会感到无助。

所以你才需要历史感。历史感能让你意识到自己的命运和他人的命运息息相关，也和历史的进程息息相关。只有拥有了历史感这双特殊的慧眼，你才能够感受到自己生活在历史之中，感觉到自己在冥冥之中和过去的历史联系在一起，你对活在当下的感受才会更加真切。

历史感是一种通过知识的积累、长期的思考、细致的观察、突然的顿悟形成的直觉。这就像有乐感的人听到音乐就对后面的乐符有所期待，围棋高手扫一眼棋盘就对胜负格局了然于胸，有经验的消防队队员凭直觉能预感到脚下的地板何时会塌陷，战场上的老兵能从风中"嗅出"危险的信号。观鸟爱好者有一个专业词汇，叫"气场"（jizz）。也就是说，你要在鸟儿飞过的那一瞬间，通过鸟的形体、姿态、飞行速度、颜色、位置和气候条件，一眼判断出其种类。

<u>观察历史也是一样，你必须学会找到一种大于部分之和的总体印象</u>。古时候，人们很少走出自己的部落或村庄，那是不得已的事情；现在，人们很少走出自己的圈子，这是主动选择的结果。互联网把我们又变回了"洞穴人"。你认为在"朋友圈"里刷屏的文章，可能在另一个圈子里根本就没有人看。你不了解的圈子，可能其人数和影响力远远超乎你的想象。即使在同一个圈子里，人们也很少发生紧密的交流和互动。我们就像参加同一场演唱会的观众，无非是开场的时候来，散场的时候去。在圈子时代，人们变得更加孤独和漠然。虽然你每年都经历了很多事情，也听到了很多消息，但是，在你的部落之外，在你的目力到不了的地方，正在发生着一些更有意思、更有价值的事情，那些事情通过千丝万缕的联系，会直接或间接地影响你的生活。

这就是我和我的团队想要做的事情：我们会尽可能地跨越不同圈子的界限，去理解社会的全貌、历史的端倪。我们会带回你在新闻报道、"朋友圈"里看不到的新鲜事。

我每一年都会回来与你交流。欢迎你用自己这一年的体验和经历与我在旅途中遇见的故事互相参详印证。我会带你走出你自己的部落，从共情视角去理解他人，培养对时代形势的敏感度，逐渐建构一种深邃的历史感。

你只有在树林中才能见到碧绿的树叶，这片树叶一定连着树枝，树枝一定连着树干，树干一定连着根系。你不可能在天空中见到一片无依无靠且还能自由生长的树叶。最了解树木的人看到的并不是一枝一叶，而是一个有机的整体，整片森林都会成为他的朋友，他会比一般的人更懂得在复杂多变的环境中每一株植物为了生存而适应和创新的智慧。

美国作家梭罗说："人们只能看到自己关心的事物。"的确，对我们来说，没有观察到的事物就等于不存在，但同样地，那些能够被观察到的事物才是属于我们的。

冲击与反转

生活在2018年的人很容易感受到中国经济遇到的各种冲击。人们明显感受到经济增速放缓带来的影响。从出口企业的老板到出租车司机，每个人都告诉我，生意不如以前好做了。财富缩水的速度比经济下滑的速度更快。股市重挫、P2P（点对点借贷）爆雷，无数家庭的财富灰飞烟灭。订单减少、劳动力成本上涨、环保督查越来越严、税负居高不下，大批中小企业苦苦挣扎。2008年，三鹿奶粉事件引起全社会的关注，10年之后的2018年，又发生了长春长生生物科技有限责任公司生产"毒疫苗"事件，再一次让人们感到愤怒、无奈和恐慌。当然，2018年对中国经济冲击最大的莫过于突如其来、猝不及防的中美贸易摩擦。

站在2018年，你会怎么判断未来的趋势？

这取决于你是看短期还是看长期。一般来说，短期我们能看得更清楚，长期我们会看得更模糊，但在 2018 年这一时点，可能恰恰相反。

对 2019 年的形势预判，有乐观的观点，也有悲观的观点，但这两种观点很可能都是错的。错不在结论，而在它们判断的依据。我们总是习惯从经济的基本面判断未来趋势，而在这一两年内，基本面并不是最主要的因素。无论是看投资还是消费，无论是看内需还是外需，中国的经济基本面都不算很好，也不算差，但影响 2019 年趋势的主要不是基本面，而是信心。信心看预期，预期看政策。政策要看国内的政策，也要看来自国外尤其是美国的政策变化。

我们在 2019 年很可能还会遇到更多的冲击，这些冲击会增加未来的不确定性。如果美国经济在 2019 年出现调整，甚至进入新的危机，中国经济会受到多大的影响呢？如果中美之间的摩擦从经济贸易领域溢出到安全领域，又会给市场带来多大的恐慌呢？2019 年是很多国家的大选年，新的地缘政治风险会不断冒头，这些地缘政治风险会互相传染，引发一场政治疾病吗？

用过去的确定性去应对未来的不确定性，你只会变得越来越悲观。我们之所以悲观，正是因为我们已经习惯的那些模式似乎都不管用了，不管是增长模式、商业模式、就业模式、教育模式，还是管理社会、管理全球经济的模式。

如果拉长历史的视野，你会发现，你所熟悉的那个过去的时代是极其特殊的。那是个草莽英雄出没的年代，在这群草莽英雄看来，没有规则和秩序，没有任何值得敬畏的东西，也没有任何先例可循，凡事都要亲力亲为，一切都是靠"试错"找到边界的，而边界又在不断变化之中。

但那个时代已经一去不复返了。高速经济增长已经结束，全球化的鼎盛时代已经落幕。收入不平等问题、代际冲突问题都会变得更加严重，这些问题在未来社会里就像房间里的大象一样显而易见，但草莽英雄们对此熟视无睹。这就是旧的事物会被清除，新的事物会落伍的原因，你需要去寻找的是能够带来"反转"的"新新事物"。

好的影视编导都精于设计"反转"：当你看到英雄就要成功的时候，命运突然无情地夺去他的一切，把他置于绝望的境地；当你看到英雄就要被毁灭的时候，他会唤醒自己的潜能，绝地反击，一把扼住命运的喉管。

历史远比影视作品更精彩。野火烧后，新木丛生。2018年，我在灰暗的背景下发现了很多亮点。这些亮点提醒我们，历史正在向一些隐约的方向突进。未来的历史学家会把2018年视为一个新的起点。

快变量和慢变量

在 19 世纪的英国，有一位致力于为英国立传的历史作家，他就是著名的辉格党人托马斯·巴宾顿·麦考莱。他的《英国史》浓墨重彩地描述了 1685 年詹姆士二世即位到 1702 年威廉三世逝世这 17 年的历史。[10] 这 17 年是千年英国的命运枢纽，是诺曼底登陆以来传统命脉的继承，也是大英帝国未来荣光的发轫。麦考莱的著史风格自成一派。他说，最佳画作和最佳的历史著作用的方法都是"展示真相的裙角，却能窥见真相的全貌"。

我的书继承的是麦考莱的著史传统。我为你"窥见真相的全貌"的方法是在慢变量中寻找小趋势。

接下来，我来解释一下慢变量和小趋势。先说慢变量吧。

历史是由快变量决定的，也是由慢变量决定的，但归根结底是由慢变量决定的。

我们每天接触到的信息大多是快变量。不幸的是，信息增长的速度明显超过了真理增加的速度，于是，在信息的增量中，噪声所占的比例越来越大。在我们这个时代，稀缺的不是信息，而是对信息的筛选。对快变量的迷恋，让我们迷失在光怪陆离的世界里，只看到眼前，看不到全局。慢变量看起来没有变化，看起来离我们很远，看起来与我们没有直接的关系。我们容易忽视慢变量，但慢变量才是牵引历史进程的火车头。

我来举例说明什么是快变量，什么是慢变量。天气预报能告诉你台风即将登陆，海上会有大浪，但是，只看天气预报，你永远无法理解为什么海上会有波浪。导致海上有波浪的真正原因是有月亮和太阳。月亮和太阳的引潮力引发潮汐现象。每逢农历初一和十五，也就是朔日和望日，月亮和太阳的引潮力方向相同，会产生大潮，也称朔望潮；每逢农历初八和廿二，也就是上弦和下弦，月亮和太阳的引潮力互相削弱，会产生小潮，也称方照潮。天气是快变量，月亮和太阳是慢变量。

美国西北大学经济学家罗伯特·戈登教授是一位观察慢变量的寂寞高手。他在2016年出版了一本厚达700多页的著作《美国增长的起落》。[11]在达沃斯的世界经济论坛上，在微软的全球CEO（首席执行官）峰会上，你都能听到人们在谈论这本书。《纽约时报》专栏作家托马斯·弗里德曼谈到过这本书，比尔·盖茨也谈到过这本书。你能注意到他们在谈论这本书的时候脸上那种古怪的表情，他们说："戈登教授的书写得非常好，但是……"

为什么托马斯·弗里德曼和比尔·盖茨会有这样的反应呢？因为戈登教授的观点让他们坐立不安。我们听过很多技术乐观主义者的预言：科技会让人类的明天更美好，未来的经济增长会比现在更强劲。这些"先知"像挤在狂欢节人群前排的观众，兴奋地告诉我们下一辆游行花车上都有什么稀罕玩意儿，只有戈登教授站在沿街的摩天大楼顶层落地大窗户的后面，注视着下面渺小而喧闹的群众。

戈登教授向我们提供了一种观察人类进步的"上帝视角"。<u>我们看到的技术进步是快变量，他看到的技术进步却是慢变量</u>。戈登教授说，美国在1870—1970年间出现了一次前无古人，后无来者的经济"大跃进"。美国这次的经济"大跃进"是由影响了我们衣食住行的一系列创新带来的：从电到电冰箱、洗衣机、电视机、空调和电梯，从汽车、轮船、飞机到城市化，从电话、电报到新闻、零售。那么，20世纪90年代由电子计算机引发的"新经济"呢？戈登教授说，对不起，这只是一次小规模的"回光返照"。从历史的大尺度来看，电比电子计算机更重要。

戈登教授让我们注意到很多司空见惯的事物原来如此具有革命性。假如有一栋中世纪欧洲贵族的城堡和一套21世纪的公寓让你选，你选哪一个？当然是选21世纪的公寓。虽然中世纪的城堡巍峨壮观，但它没有和其他房屋互联互通，没有给水、排水，没有电灯、电话，没有Wi-Fi（无线网络）。假如有一个19世纪的农庄和一个20世纪的超市让你选，你选哪一个？你应该选20世纪的超市。虽然19世纪的农庄不用化肥和农药，产出的都是有机食品，但没有食品工业的发展，食物无法保质保鲜，你很可能会吃坏肚子，甚至可能会饿死。那么，我再问你，抽水马桶和智能手机，如果只能选一个，你选哪一个？我选抽水马桶。

<u>慢变量是一种一旦打开就无法合上的趋势</u>。戈登教授指出，在1870—1970年这100年里，后50年（也就是1920—1970年）

的经济进步比前 50 年的更大。等一下。前 50 年的美国经济跃进我们可以理解，毕竟，从电灯到电话，从汽车到火车，这些发明都发生在 19 世纪末和 20 世纪初。1920—1970 年？请你回想一下美国在这段时间发生了什么：1929 年爆发了股灾；30 年代是大萧条；30 年代末美国被拖进了第二次世界大战；50 年代和 60 年代美国是管制经济，并不是真正的自由市场经济。遇到了这么多的阻碍，美国居然在 1920—1970 年的经济增长速度最快？

这就是慢变量的威力。有了电，就有了家用电器，有了家用电器，妇女的家务劳动时间就会大幅减少，妇女大规模进入劳动力市场，这是人类历史上第一次出现的现象；有了电，就有了电梯，有了电梯，才能盖摩天大楼，人们才能更加密集地居住在城市里，城市化会带来公共卫生设施的改善，公共卫生设施的改善又大幅延长了人口的预期寿命。虽然 30 年代美国经济一直低迷，但汽车行业的技术进步并没有停止，因为最早的汽车太简陋了，没有仪表盘，没有挡风玻璃，没有雨刷，这都要一点一点改进。

戈登教授对美国经济的洞察为我们理解中国经济提供了启发。如果你观察过去 30 年中国的经济发展，只要去看三个最重要的推动力就行：工业化、城市化和技术创新。中国过去只有第一产业，也就是农业。工业化带动了第二产业，城市化带动了第三产业，而技术创新改变了所有产业的面貌。我们似乎对这三个推动力已经非常熟悉，但很容易低估它们的潜力和复杂性。

1950年，毛主席站在天安门城楼上，用手指着天安门广场以南一带兴奋地对身旁的北京市市长彭真说："将来从天安门上望过去，四面全是烟囱！"[12]当时，中国是一个农业国。一个农业国的梦想就是变成工业化国家。在计划体制时期，中国几乎完全凭借自己的努力建立了门类相对齐全的工业体系。1964年，在国民经济非常困难的时候，中国自行研制的第一颗原子弹爆炸成功。桂系军阀白崇禧的儿子、著名作家白先勇在接受采访的时候谈到，在原子弹爆炸的消息公布之后，他和很多人一样，忘记了国共之别，只觉得这是一件值得中国人骄傲的事情。[13]计划体制并没有让中国真正实现工业化。1971年毛主席到南方调研，走到长沙的时候，身边一位工作人员上街排队，好不容易买到一条的确良裤子。毛主席对此感到很惊讶，中国居然没有生产的确良裤子的技术。[14]1978年之后，中国实行了经济体制改革，乡镇企业异军突起，用邓小平的话说，是"我们完全没有预料到的"[15]。乡镇企业生产了大量廉价的日用品，满足了人民群众的生活需要，但中国还是没有真正实现工业化。中国的工业化是在20世纪90年代对外开放之后才实现的。中国是在90年代之后才变成"世界工厂"的。我们在后文中还会更详细地讲到这一点。20多年过去了，全球化面临退潮，而制造业迟早会实现自动化生产，面临新的挑战，中国的工业化该何去何从？

中国曾经是城市化程度最高的国家。[16]估计早在战国时期，城市化率就达到了惊人的 15%。唐朝的城市化率约为 20.8%，南宋的城市化率达到了 22%。唐天宝年间（742—756），长安有 60 多万人口，是当时世界上最大的城市。北宋汴京人口达到 140 万。南宋临安的人口更是达到 250 万，这个规模比 1 000 年前的罗马城大了一倍左右。这是人类历史上第一次出现人口超过 200 万的大都市。宋朝之后，城市化程度反而下降。1949 年，中国的城市化率只有 10.6%，到 1978 年，城市化率也只有不到 18%，仅仅略高于战国时期的水平。直到 1983—1984 年，城市化率才达到南宋的水平。随后，中国的城市化水平急剧提高。首先是人口的城市化，大批劳动力从农村进入城市，尤其是沿海地区的城市。其次是土地的城市化，房地产业成为支柱产业，卖地的收入成为地方财政的主要来源之一。但是，这种快速的城市化很快就遇到了各种瓶颈。国务院前总理朱镕基在考察的时候曾感慨："走了一村又一村，村村像城市；走了一城又一城，城城像农村。"[17] 未来的城市会是什么样子，未来的农村又会是什么样子？

曾鸣教授曾是阿里巴巴的总参谋长，帮助马云制定和完善了阿里巴巴的企业战略。当他还在长江商学院任教的时候，曾经写过一本书，叫《龙行天下》。[18] 在这本书里，他把中国的创新称为"穷人的创新"。一言以蔽之，当时中国的消费者收入水平太低，对价格最为敏感，为了适应这种市场，中国的企业必须想方设法压低成本。这种激烈的竞争培养出一批极其剽悍的企业，但这种压低成本的创新似乎已经难以为继。消费者的收入水平不断提高，过了某个门槛之后，消费者关注的就不仅仅是价格了。急剧扩张的中产阶层催生出中国的"市场红利"，中国国内消费市场的规模已经超过美国，这会给企业带来什么样的机会？中国企业在核心技术方面仍很落后，可是，中国企业在商业模式创新方面又非常大胆、超前。中国企业的执行力远远超过其他国家的企业，这是在残酷的市场环境下必须锻炼出来的生存能力。如今，中国距离技术的前沿越来越近，但冲刺的难度也越来越大，而且，不要以为只有这一场比赛，这更像铁人三项比赛：1.5公里游泳之后还有40公里自行车赛，之后还有10公里长跑，一项比赛的终点就是下一场比赛的起点，中国还能坚持下去吗？能得第一吗？

总之，叫得出工业化、城市化和技术创新这三个变量的名字，与了解这三个变量是两件完全不同的事情。想要判断中国未来的趋势，必须深入观察工业化、城市化和技术创新这三个慢变量。这听起来没那么刺激，甚至会很枯燥。当人们都在讨论哪里是风口、什么是潮流的时候，我会带你去看洋流。风口不重要，潮流不重要，洋流才重要。洋流发生在大洋深处，表层的洋流有两三百米深，这股洋流又带动更复杂、更湍急的海水流动。洋流没有潮水喧嚣壮观，不如台风惊心动魄，但只有洋流才能带你到很远的地方。

大趋势和小趋势

找到了慢变量，我们就能找到定力，但找到了小趋势，我们才能看到信心。

按照美国未来学家马克·J.佩恩的定义，小趋势就是占人口1%的群体出现的变化。比如，他观察到住在一个城市但去遥远的另一个城市上班的人、信奉新教的墨西哥裔美国人、在家里上学的孩子、受过良好教育的恐怖分子等。佩恩的这一观察视角启发了我们：有些人群人口数量相对较小，却能产生与其人数似乎不相称的影响力。我们的研究方法和佩恩有所不同。我们并不严格按照总人口1%的标准来定义小趋势。[19] 这是因为中国的人口规模太大了。中国人口14亿，那1%就是1 400万人口。哪怕是0.1%，在中国也有140万人，也不是个小数了。

我们关注小趋势，有两个主要的原因：第一，随着社会的发展，社会分化日益显著，大趋势不足以准确描述社会的多向度发展；第二，从社会演进的角度来看，很少出现泾渭分明的新旧交替，新的观念、新的现象往往是由原有的一些小趋势发源的，这些小趋势原本并不占据主流地位，但随着社会的变化，却能引起社会风尚的深刻变革。

让我们先观察一下小趋势的特点。虽然占中国总人口0.1%就有140万人，占1%会有1 400万人，看起来人数众多，但你要知道，在其余99.9%、99%的人看来，这只是一个很小、很另类的群体。在小趋势里面的人觉得这是一片海，在小趋势外面的人则觉得这只是一滴水。不过，这些群体虽然人数相对较少，但更为团结，观念更一致，更喜欢尝试一些与众不同的东西，而且他们同气连声，彼此鼓励和支持，形成了一个线上和线下的立体网络，这样就能成倍地放大其力量。

所以，小趋势的特点是：必须足够小，才能显示出锋芒，但又必须足够大，才能彰显出力量。

那么，为什么会出现小趋势呢？在小趋势里面的人会觉得，这都是因为他们自己的力量，其实并非如此。之所以会出现小趋势，是因为首先有了大趋势。

我们拿盖房来说吧。盖房的时候一层一层起高楼，每一层的盖法都是一样的，盖出来的毛坯房也是一样的，但是，等到盖完房，要装修的时候，每一家的装修风格就不一样了。有的人喜欢金碧辉煌的洛可可风格，有的人喜欢2018年热播的电视剧《延禧攻略》中莫兰迪色系的性冷淡风格。所以，盖房子是大趋势，而装修就是小趋势。

我们再来看互联网技术。最初，你想做个网站得找专业人士给你做，但随着技术的发展，有了微博，有了微信公众号，你不需要懂任何编程，直接就能发微博和微信，做自己的自媒体。互联网平台是大趋势，而自媒体就是小趋势。

这给了我们一个重要的启示。发展初期看大趋势，发展后期看小趋势。在发展的初期，更重要的是大趋势。我们所有人都被大趋势裹挟着前进，那个时候，想要理解自己所处的时代并不难，就像行军的时候，你只需要跟着前面的伙伴，甚至拉着马尾巴朝前走就行。在社会和经济发展到一定的阶段之后，反而会出现分化。国家和国家变得更不一样，城市和城市变得更不一样，企业和企业变得更不一样，个人和个人变得更不一样。也就是说，人们首先得变得更相似、更平等、更富裕，然后才能变得更加差异化。

在未来时代，小众才是主流。

我要带你去的这场旅行从指南针开始，途经慢变量，最终到达小趋势。我们先用指南针确定自己的方位和旅途的方向；然后，我们会从慢变量的主干道开车上路，但会不时地从出口出去，在城市的街道、乡村的小路上游荡。我们会停下来，下车走进人群，和遇见的各色人物聊天，倾听他们的故事，了解他们的喜忧，同时用眼睛的余光扫视来来往往的人流，直到发现故事的主人公。

在我们故事里的主人公大多是小趋势的代表。他们是这样的一群人：当我们走进他们的房间时，他们正在专心致志、兴致勃勃地做着手边的工作，丝毫没有注意到我们的到来；当我们提出采访要求的时候，他们会不安而窘迫地搓着手："为什么要采访我呢？我只是一个普通人啊。"他们上不了新闻的头条，也不会出现在杂志的封面；他们并不隐居在荒凉的海边，而是生活在市井之中；他们是与你有着相同处境的人，而你能够感受到他们身上的勇敢、冒险、积极参与和激情投入；他们只是幸运地住在时代的枢纽地带的小人物；他们忘我地工作，结果创作出比自己更宏大的事物。

5个变量

接下来，我向你预告一下我们在2018年的旅途中找到的5个新"变量"。

我们看到的第一个变量是大国博弈。未来的历史学家将会发现，这是2018年最重要的一个变量。这个变量意味着中国发展的外部环境将变得更加凶险。这也是我花费时间最长、精力最多，为你观察到的变量。从2016年美国总统竞选之前，我就开始穿梭于中美两国之间，不仅采访了华盛顿和北京的官员、学者，而且与美国的犹他州、蒙大拿州的普通民众拉过家常；我不仅大量阅读了同行经济学家的研究报告，而且参观过出口企业的工厂。我所看到的大国博弈，和很多流行的观点并不一样。

很多人关注到贸易保护主义的兴起，但对中美之间会出现贸易摩擦备感困惑，毕竟中美经济结构是互补的，而不是竞争的。英国《金融时报》首席评论员马丁·沃尔夫曾说，能让美国和中国和好的唯一可能就是火星人入侵地球。虽然只是戏言，但他道出了真相，人是一种群居动物，总是要分我们和他们的。事实上，是先有了他们，才有的我们，也就是说，先有了对手，才能保持自己人的团结。即使在和平年代，国家与国家之间也在时时刻刻处处较量。哈佛大学社会学家丹尼尔·贝尔曾说，经济增长是和平时代的竞赛。[20]这背后的原因是：哪个国家经济增长更快，就能证明其制度更有优势。如果补充一句，技术进步也是和平年代的竞赛。也有人说，这是由于特朗普总统的行为不可预测，谁也不知道他的下一条推特到底会说什么。理解一个人的行为，你只需要了解他的性格和经历，而特朗普的性格和经历都是非常易于识别的。仔细观察中美贸易的结构，理解了国际贸易的本质之后，你就不会对贸易摩擦本身过于悲观。

真正值得关注的是中美关系出现了转折点，美国已经把中国定义为战略竞争对手。为什么会出现这一转折点呢？一般的解释是：当一个新兴大国赶超一个霸权大国，而两者的差距越来越小时，国际格局就会出现巨变。这种解释并不全面。

内政决定外交。我所看到的大国博弈这个变量中出现的新变化是：在美国等西方国家出现了一群想要下车的人，他们不愿意让全球化和技术进步的速度太快，感到眩晕，要求把车停下来，想要下车。理解了这个群体的诉求，我们才能理解民粹主义的兴起。这种力量不仅在改变着美国的政治风向，而且给欧洲带来了极大的冲击。英国脱欧、民粹主义在意大利等欧洲国家赢得竞选，都提醒了我们：民粹主义的土壤比我们想象的更为深厚，民粹主义的影响比我们理解的更为深远。政治总是本地的，但其影响可能会波及全球。一只蝴蝶拍拍翅膀，就可能引发风暴，那如若是亿万只蝴蝶一起拍动翅膀呢？

中国人难以理解这些想要下车的人，因为我们是一群刚挤上车的人。出生于20世纪60—90年代的这一批人，其实都是有幸坐上经济高速增长快车的人。因此，中国民众对待全球化和技术进步的态度比西方民众更为乐观，而这种乐观主义也使得新经济在中国的发展如火如荼。

中国人就像早上要坐公交车的乘客，他们最关心的是怎么上车。拥挤的人群如同潮水，后面的人推搡着前面的人，在不知不觉中，每个人最后都发现，自己是被挤上车的。

在西方社会，当人们谈论一代人的时候，他们往往会以20~30年为时间单位，但在中国，当人们谈论一代人的时候，会以10年为单位。我们经常会讲到60后、70后、80后、90后等。或许，这能够反映出中国的社会变革速度太快了。西方社会相对成熟而稳定，中国社会更有激情和活力。我们用10年的时间就能跨越西方社会20~30年的时间。剧烈的社会变革也会影响到每10年一代人的性格。或许60后略显世故，70后更为务实，80后最是疲惫，90后稍觉轻佻。但是，假如我们把历史的视角拉得更长，你会发现，出生于20世纪60—90年代的人，其实是同一个时代的人。

我们可以把这个人群称为"坐上快车的人"。

"坐上快车的人"会相信一些共同的观念。他们都相信：经济增长会一直持续下去；中国的经济增长率是全球最高的；经济增长能够提高每个人的生活水平；下一代人的日子一定会比上一代人过得更好；个人靠努力奋斗一定能改变命运；要重视子女的教育，因为"知识改变命运"，而"知识改变命运"指的是只要孩子上最好的小学、最好的中学、最好的大学，就一定能找到最好的工作；最好的工作是指在金融机构的工作或在政府部门的工作，前者收入更高，后者更有保障。

未来，等"坐上快车的人"回望1978—2018年这40年，他们会蓦然惊觉：原来这样高速增长的时代是无法永远持续下去的。在此后的迢迢长路上，他们会逐渐发现：中国的经济增长率会放缓，也有被其他新兴经济体超过的可能；经济增长并不能解决所有的社会问题，相反，过去的快速增长模式会带来新的社会问题，比如环境污染、公共服务缺失和收入不平等加剧；下一代人未必过得比上一代人更好，与未来的人相比，如今刚刚退休的这一代人很可能过的是最幸福的晚年生活；越来越多的人会明白靠个人奋斗改变命运这种信念是经济高速增长时期才能有的奢侈。

哈佛大学经济学家本杰明·弗里德曼有个著名的论断：经济增长会影响国民性格。在经济高速增长时期，人们会更乐观、更自信、更积极上进、更包容开放。[21] 过去30年的中国就是这样的典型案例。

于是，我们能够看到，"坐上快车的人"对待技术进步的态度也更乐观。无论是中国的政府还是民众，对技术创新的欢迎程度都远超西方，他们会更加大胆地拥抱新技术，甚至多少有些鲁莽。

中国一直秉承着实用主义精神，有冒险家精神的企业家相信拿来主义，相信只有技术不断进步，才能提高国家的实力。

从民众的角度来看，中国消费者对技术创新的接受程度显然比西方消费者更高，更愿意尝试新生事物。对待无人机，美国的消费者想的是这会不会侵犯个人隐私，中国的消费者想的是这东西真好玩，不仅要买一个给自己，而且要买一个送给朋友。

罗兰·贝格国际管理咨询公司发布的全球汽车行业报告指出，中国消费者对电动汽车和自动驾驶汽车的需求居全球最高。如果出现全自动驾驶机器人出租车，且比自有汽车每次出行成本更低，73%的中国受访者表示不会再购买汽车，而全球平均水平为46%。60%的中国消费者表示在购买下一辆汽车的时候会考虑纯电动汽车，远高于37%的全球平均水平。[22] 普华永道的一份关于人工智能市场前景的报告调查了全球27个国家的22 000名消费者。中国有52%的消费者计划购买人工智能设备，而在全球范围内，58%的人对人工智能设备毫无兴趣，这是因为欧美国家的消费者拖了后腿。中国也是人工智能设备渗透率最高的国家，21%的消费者已经拥有这类设备。[23]

正是由于这种独特的技术崇拜的氛围,中国在很短的时间之内就变成了全球互联网大国。这里聚集着全球最多的互联网用户和全球排名最靠前的互联网企业。数亿人使用智能手机购物、支付、投资,从这个角度来说,中国的消费者比美国的消费者更聪明、更时尚。

虽然目前中国的高科技研发还落后于美国,但中国的高科技应用将会快于美国。理解了这一点,你就能体会到美国的焦虑。

我已经帮你梳理了想要下车的人和刚挤上车的人出现的背景、他们对世界的不同认识,以及他们可能对未来的政治带来的影响。虽然想要下车的人和刚挤上车的人想法有所不同,但他们其实都在同一辆车上。如果想要下车的人和刚挤上车的人真的在车厢里发生殴斗,这辆车可能会失控,掉下悬崖。

那我们又该怎么办呢?这个变量可能出现的反转不是谁赢了贸易摩擦。贸易摩擦中是不可能有赢家的。正如我们在科幻电影里看到的,当外星人入侵的时候,地球人才能团结一致,同理,只有当中国和美国遇到一个共同的挑战,这个挑战必须来自人类之外,而且这个挑战大到以至中美两国必须联手应战的时候,中国和美国才会有坚实的合作基础。这个挑战,在我看来,应该是人工智能社会的到来。

为了理解未来,我们可以拿历史上的工业革命做个类比。

假如工厂出现时你是个农民,纺织机出现时你是个裁缝,汽车出现时你是个马车夫，机关枪出现时你是个骑兵，你该怎么办？你一定会像那些想要下车的人一样感到眩晕。这个世界完全乱套了。农田不再是原来的农田，村庄不再是原来的村庄，域外的工业品如同潮水一般冲垮了国内的手工业。正如马克思和恩格斯在《共产党宣言》中写的那样："一切等级的和固定的东西都烟消云散了，一切神圣的东西都被亵渎了。""一句话，它按照自己的面貌为自己创造出一个世界。"[24]

你再想想，如果火车出现时你是个旅人，电报出现时你是个记者，纺织机出现时你是个棉农，电影出现时你是个观众，你又有什么样的感受？你一定会像那些刚挤上车的人一样感到狂喜。这个世界太有意思了。新奇的事物层出不穷，遥远的世界近在咫尺，有冒险精神的人可以征服整个世界。如同凯恩斯在《和约的经济后果》中无限叹惋地写到第一次世界大战之前的欧洲：任何一个有过人之处的人都能凭借自身的能力跻身中产阶层或上层社会，"此时他们可以享受到低廉的价格，生活方便而舒适，这种生活之愉悦远超过其他时代那些富甲一方、权倾天下的君主"。[25]

这两种体会都是真实的。工业革命先是带来了巨大的经济变革，随之引发了激烈的社会震荡，但最终走出了这段"死亡谷"，进入一种新的均衡，并给整个社会带来财富的涌流。不要忘记，在这段时期，曾经爆发过工人运动、经济危机、两次世界大战，一次次洗牌，一次次淘汰。如果身处20世纪30年代大萧条时期，即使你能预知再过30年世界经济会进入稳步增长的黄金时代,这个消息可会让你在破产的时候感觉更好受一些?

在人类历史上,人工智能革命和工业革命的冲击力可能是一个量级的。人工智能会带来生产效率的极大飞跃,也会导致大批劳动者失去工作。根据麦肯锡的一份报告,未来可能有4亿个工作岗位被人工智能替代。人工智能会带来财富的涌流,但技术进步的利益会更多地流入少数人的钱包,大部分人并不会分享到更多的回报。让劳动者转型可不可以?从理论上来说可以,但问题是如何在很短的时间(比如一年)内让工人实现转型。你不可能要求一代人付出牺牲,为技术进步当垫脚石。

我们今后面临的是"人工智能之谷"。如果我们能够跨越"人工智能之谷",就一定能够登上另一个山巅,看到更壮观的前景,但如果我们不能齐心协力,"人工智能之谷"也有可能变成另一个"死亡谷"。

美国和中国在应对人工智能挑战的时候站到了同一起跑线上,因为我们同样缺乏经验。最近几年,当我访问欧美国家,与这些国家的精英交流的时候,我有一种越来越强烈的感受,仿佛自己是一个波斯人,来到了晚期的罗马帝国:是的,罗马帝国即使衰落了,仍然是最伟大的帝国,罗马帝国的精英仍然是最有学问的,可惜他们懂的都是关于罗马法的学问。作为一个异乡人,我都能看到,在罗马帝国的边境线上已经出现了一群群集结的蛮族,这些蛮族很快就要跨过多瑙河，进入罗马境内，而罗马的元老和公民们还在争吵不休。想想都可惜可叹：如果罗马帝国被蛮族灭掉了，关于罗马法的知识还有什么用途呢？

美国的经济体制过于追求短期利益，过分追求股东利益，人数最多的普通民众难以参与这种资本主义体系。它的政治体制过于强调精英观点，过分信仰自由主义理念，人数最多的普通民众也难以表达自己的声音。这些内在的缺陷导致美国更难以应对人工智能社会的挑战，于是，被忽视和被排挤的力量会从所有能够释放的地方释放，哪怕是从极端主义的孔隙。

中国虽然会最早实现人工智能化，但这意味着中国会变成一个巨大的人工智能社会的试验场，我们每个人都要充当试验品。就像日本最早遇到老龄化社会的困扰一样，中国也会比别的国家更早地遭遇人工智能社会的风险。

由于篇幅所限，关于这个变量的论述我不便展开。如果你感兴趣，可以参阅我在得到的大师课"变量2018"，我们会更深入地讨论相关的话题。

我们看到的<u>第二个变量是技术赋能</u>。这个变量背后的逻辑是：每一种技术都有自己的性格，每一个市场也都有自己的性格，只有当技术的性格和市场的性格匹配起来，才是真正的佳偶天成。我们看到的小趋势是：有些新技术在看起来离新技术最为遥远的领域找到了广阔的应用天地，并能通过为普通人赋能将这种潜能进一步放大。这意味着什么？这意味着我们在判断技术发展的前景时，不能只看技术的先进程度。

我会在第二章中为你介绍这个变量。我会向你讲述一家在新疆做农业无人机的极客企业的故事。到了新疆，你才能感受到中国的国土是如此辽阔；熟悉了农业，你才能感受到这个最古老的行业其实是最新鲜的。当你看到无人机在新疆棉田的上空自由翱翔时，你会暗暗赞叹：这才是它们应该来的地方。你应该去无人地带寻找无人机，而不是在北京或上海的公园里寻找无人机。我也会讲述机器人在服务业中的应用，这和很多人的想象不一样。人们原以为机器人会首先应用于中国的制造业，但服务业才是机器人应用的"新边疆"。最具生命力的新技术总是出现在无人地带，它们不是由院士评选出来的，而是在市场应用中成长起来的。

我们也回顾了在2018年涌现出来的其他新技术，在观察这些技术的未来趋势时，我要强调以下两个对技术的评判维度：一是技术和市场的匹配程度，二是这些技术是如何为人赋能的。在2018年最受关注的一家企业当属在美国上市的拼多多。拼多多的技术和市场匹配得很好，所以它才能讲述一个好听的商业故事，但它忽视了用技术为新兴的力量赋能。一时的成功并不意味着能走得长远、行得稳健。

我们看到的第三个变量是新旧融合。这个变量背后的逻辑是：

传统行业积累了大量的资源和经验，这是任何一个新兴行业都无法替代、不能忽视的。我们看到的小趋势是：有的传统企业已经学会了新兴行业的打法，它们就像老兵穿上新军装一样，会从一个别人想象不到的地方发起反击。我们也看到很多新兴行业正在拼命向传统行业学习，大量的老兵也在涌入新军。这意味着什么？这意味着我们不能盲目地迷信互联网的力量。互联网行业不可能对所有的传统产业发起"降维打击"，相反，互联网行业自己的发展已陷入低谷。你不能只锻炼自己的互联网思维，你还必须对传统保持足够的谦卑和敬畏。

我会在第三章中为你介绍这个变量。我们发现，2018年新兴产业和传统产业的对决进入胶着状态。互联网行业曾以摧枯拉朽之势冲击传统行业，但在2018年，互联网行业自己涉入深水区。比如，互联网企业发起的新造车运动并不成功。这是因为汽车是工业化的代表，是一个不仅需要创新而且需要尊重传统的行业。我们也发现，随着物联网的发展，传统的制造业可能会在意想不到的地方发起绝地反击。我会带你去看一家非常"老派"的制造业企业：海尔。海尔已经不是你想象中的海尔。海尔的"去海尔化"、不做企业做生态的打法，才是真正的互联网时代打法。==老兵不死，他们只是换了新的军装，学会了新的作战方式。==

我也会让你了解到：新兵能从老兵那里学到很多有用的经验。我将带你去看看电子竞技比赛。电子竞技比赛比传统的体育竞技

变　量　│042

更刺激、更具对抗性和观赏性，但电子竞技行业的很多做法都在模仿传统的体育竞技行业。无论是选手的训练、俱乐部的运营还是赛事组织，电子竞技产业都在向传统的体育竞技产业取经，学习传统体育竞技是如何在上百年时间中，用一场场充满戏剧色彩的赛事、一个个具有史诗般色彩的人物塑造出精神图腾，让数亿跨越文化、年龄和性别的人拜服脚下的。

我们看到的<u>第四个变量是自下而上</u>。这个变量背后的逻辑是：从长期来看，城市的发展应该是自发的，自下而上的力量能够维护城市系统的多样性，提高城市的抗风险能力，同时激发出普通民众和基层社区的创新。我们观察到的小趋势是："多核城市"是城市群未来的发展方向；很多城市已经开始"收缩"，而保持了开放性的城市才能更好地实现"精明收缩"；很多城市、很多社区正在爆发"颜值革命"，街道和社区正在变得更美、更有生活情趣。这意味着什么？这意味着我们要学会用生态系统的眼光来看待城市的发展，要尊重基层创新，千万不要低估人民群众自己创造美好生活的能力。

我会在第四章中为你介绍这个变量。我们发现，自上而下的城市化进程已经不可持续，在这一背景下，过去被忽视的自下而上的力量浮出水面，增加了城市的活力，使得城市能够更好地适应外部经济冲击、技术进步的挑战。我会向你讲述一个城市规划师的故事，他不在办公室里，而是出现在菜市场中。他在菜市场看到了城市的能量。这种能量是普通人努力改善自己的生活时表现出来的智慧和适应力。

我也会带你到东莞、义乌、上海等城市去看看。你所看到的东莞,将是未来中国都市圈发展的范本。你所看到的义乌,将是很多中国城市在面对"收缩"时的榜样。在上海和其他城市的街头巷尾,在看起来貌不惊人的城市社区内部,你会惊奇地发现点点簇簇、娇艳欲滴的美。

我们看到的<u>第五个变量是重建社群</u>。这个变量背后的逻辑是:人是一种社会动物,只有重建了社群,我们才能更好地发现自我。人们只有在公共生活中学会如何彼此相处,一个社会才能更加平等、和谐。我们观察到的小趋势是:在某些地方,不管是在城市还是乡村,由于条件的变化和核心人物的推动,出现了一种"从云到雨"的趋势,原本松散的社群开始自发组织、自发生长。虽然重建社群的力量现在还很弱小,但假以时日,这种力量将大大改善我们的社会道德、公共秩序。

我会在第五章中为你介绍这个变量。我会带你到两个看起来毫不相关的地方。我们先到北戴河海边的一个小镇,住在这里的人找到了在大城市里久违的邻里生活。他们一起踢球,一起跑步,一起表演话剧,一起写家族史。他们在从头学习如何建立公共生活。我们再到遥远的四川山区,这里有一所被人遗忘的小学。这所小学很像一所国际小学被错误地放置在偏僻的山村。这里的孩子儿乎没有一个是从正常、健康的家庭出来的,但他们远比城市里的孩子阳光、自信。这里没有学生之间的攀比,没有繁重的作业,没有霸凌,没有学生戴眼镜,操场上每天都响彻着孩子们银铃般的笑声。看起来凋敝萧条的乡村,也因这所小学的改变而焕发生机。

你会有困惑,会有吃惊,会有感动,最后,你会突然顿悟:这一切都来自那棵已经生生不息了3 000年的中华文明的古老大树。

慢变量和小趋势

我用来展现历史画面的方法是从慢变量中寻找小趋势。
慢变量才是牵引历史进程的火车头。未来的时代，小众才是主流。

看点 01

历史感

我们比任何时候都更需要历史感。
历史感让我们感受到自己的命运和他人的命运息息相关，
和历史的进程息息相关。历史感能帮助我们更好地活在当下。

长河模式和大树模式

描述 30 年的叙事模式不应该是"长河模式"，即传统历史作家惯用的按照时间顺序的编年史写法，让历史像江河一样流淌；我们选择的叙事模式是"大树模式"，即通过观察嫩芽和新枝，并不断把目光拉回母体，去感知中国这棵大树的母体的生命力。

30 年

未来 30 年是中国历史上最重要的一段时期。我们已经进入一片没有航海图的水域，一系列重大的变化将挑战我们的认知。

5 个变量

我们在 2018 年观察到的 5 个变量是
大国博弈、技术赋能、新旧融合、自下而上、重建社群。

历史感
我们比任何时候都更需要历史感。
历史感让我们感受到自己的命运和他人的命运息息相关,和历史的进程息息相关。
历史感能帮助我们更好地活在当下。

30年

未来 30 年是中国历史上最重要的一段时期。
我们已经进入一片没有航海图的水域,一系列重大的变化
将挑战我们的认知。

慢变量和小趋势

我用来展现历史面貌的方法是从慢变量中寻找小趋势。慢变量才是牵引历史
进程的火车头。未来的时代,小众才是主流。

模式和大树模式

叙事模式不应该是"长河模式",即传统历史作家惯用的按照时间顺序的编年史写法,
可一样流淌;我们选择的叙事模式是"大树模式",即通过观察嫩芽和新枝,
去拉中母体,去感知中国这棵大树的母体的生命力。

注 释

1. 曹福亮. 中国银杏志[M]. 北京：中国林业出版社，2008.
2. 巴巴拉·W. 塔奇曼. 历史的技艺：塔奇曼论历史[M]. 张孝铎，译. 北京：中信出版社，2016. 推荐阅读：巴巴拉·W. 塔奇曼. 八月炮火[M]. 张岱云，译. 上海：上海三联书店，2018.
3. PwC. The Long View: How Will the Global Economic Order Change by 2050? [R]. London: Pricewaterhouse Coopers, 2017.
4. 国际货币基金组织预测，大约在 2021 年中国会进入高收入国家俱乐部，届时中国的人均 GDP 为 13 010 美元，参见 World Economic Outlook (October 2018), IMF Datasets。注：世界银行 2018 年最新公布的高收入国家门槛是人均 GNI（国民总收入）超过 12 055 美元。
5. IEA (International Energy Agency). World Energy Outlook 2018[R/OL]. https://www.iea.org/weo2018/fuels/.
6. 迈克斯·泰格马克. 生命 3.0：人工智能时代，人类的进化与重生[M]. 汪婕舒，译. 杭州：浙江教育出版社，2018.
7. 南茜·罗斯·胡格. 怎样观察一棵树：探寻常见树木的非凡秘密[M]. 阿黛，译. 北京：商务印书馆，2016.
8. 钱穆. 国史大纲[M]. 北京：商务印书馆，1996.
9. 威尔·杜兰特，阿里尔·杜兰特. 历史的教训[M]. 倪玉平，张闶，译. 成都：四川人民出版社，2015.
10. Thomas Babington Macaulay. The History of England [M]. London: Penguin Books, 1979.
11. 罗伯特·戈登. 美国增长的起落[M]. 张林山，刘现伟，孙凤仪等，译. 北京：中信出版社，2018.

12. 袁全，王飞.首都烟囱存废史[N].新华每日电讯，2017-09-01.

13. 白先勇.树犹如此[M].桂林：广西师范大学出版社，2011.

14. 陈锦华.国事忆述[M].北京：中共党史出版社，2005.

15. 樊宪雷.改革开放以来邓小平对发展我国农村经济的探索创新及启示[EB/OL].（2014-05-04）.http://dangshi.people.com.cn/n/2014/0504/c384616-24971745-2.html.

16. 徐远.人·地·城[M].北京：北京大学出版社，2016.

17. 何为城？何为乡？[EB/OL].（2016-11-07）.http://finance.china.com.cn/roll/20161107/397 3476.shtml.

18. 曾鸣，彼得·J.威廉姆斯.龙行天下：中国制造未来十年新格局[M].北京：机械工业出版社，2008.

19. "小趋势"的概念借鉴了马克·佩恩的提法，但我们的方法论和他的并不一样。参见：马克·佩恩，E.金尼·扎莱纳.小趋势：决定未来大变革的潜藏力量[M].贺和风，刘庸安，周艳辉，译.北京：中央编译出版社，2008.

20. 丹尼尔·贝尔.资本主义的文化矛盾[M].北京：人民出版社，2012.

21. 中国消费者对电动汽车和自动驾驶的接受程度全球最高[EB/OL].（2017-05-12）.http://finance.takungpao.com/q/2017/0512/3449836.html.

22. 中国对AI设备热情远超全球，52%消费者计划购买[EB/OL].（2018-03-13）.http://www.sohu.com/a/225439409_610300.

23. 本杰明·M.弗里德曼.经济增长的道德意义[M].北京：中国人民大学出版社，2008.

24. 马克思，恩格斯.共产党宣言[M].北京：人民出版社，1997.

25. 约翰·梅纳德·凯恩斯.和约的经济后果[M].北京：华夏出版社，2018.

第二章
在无人地带寻找无人机

2018年，关于技术发展路径的讨论引起全民关注。中国到底是应该集中全力补上"核心技术"，还是应该扬己所长发展"应用技术"呢？我将带你回顾美国在工业革命时期的经验，并试图发现中国在信息化时代的最佳战略。我找到的第二个变量是：技术赋能。在创新阶段，寻找新技术的应用场景更重要，在边缘地带更容易找到新技术的应用场景，技术必须与市场需求匹配。我们会到新疆去看无人机，而你很可能会在酒店里邂逅机器人。中国革命的成功靠的是"群众路线"，中国经济的崛起也要走"群众路线"。

火星上的农业

　　夜晚，通向罗布泊大峡谷的路上一片黢黑，只有远方的地平线上露出库尔勒市的灯光，仿佛来自另一个世界。路况很差，我们乘坐的丰田越野车忽上忽下地颠簸。车里播放着美国影片《醉乡民谣》的插曲《把我吊死吧》(Hang Me, Oh Hang Me)。从车窗朝外看，隐约能够看出周围的雅丹地貌：在千万年风蚀和水蚀作用下形成的城堡一样的土墩。车子拐了个弯，驶入了无人区。无人区内没有人定居，没有道路，没有手机信号。这是一片戈壁滩，透露出人迹的就是路面上被压出的车辙。如果没有一簇簇蓬松的梭梭，你很可能会觉得这里是火星。事实上，在火星的赤道附近，也有大面积的雅丹地貌。

　　我们把车停在大峡谷的边上，一群人互相用手机照明，走进峡谷。这里刚下完雨，地面潮湿。在十几米深的峡谷底部，看不到任何灯光。我们关了手机里的电筒，深一脚浅一脚地朝前走，眼睛慢慢适应着朦胧的星光。走到走不动了，我们就从求生梯子往上爬，回到戈壁滩，一个个躺在地上。身下是大大小小的碎石，我们还能从上面感受到白天的一点点余温。两个女生把头枕在一个胖小伙的肚子上。大家一起看星星。无人区的夜空繁星璀璨，北斗七星格外亮、格外低，低得让你觉得它们可能会掉下来。如果你盯着一个区域，稍微等一段时间，就能看到流星。有的流星拖着尾巴飞过，有的流星好像萤火虫般一闪一灭。

在天空的南方较低的地方，有一颗非常耀眼的星星，那就是火星。

贾斯廷（Justin）躺在我的身旁，望着火星。他忽然说，他们的梦想就是有一天把农业带到火星上。

人类什么时候能够登上火星？移民火星的计划原本是个愚人节玩笑。2008年4月1日，谷歌声称和著名的航空公司维珍（Virgin）集团发起一个名为Virgle的计划，要在火星上建立人类定居点。Virgle计划2050年在火星上建立第一座永久城市Virgle City。2108年，这座城市的人口将突破10万。后来，越来越多的企业家把这件事情当真了，其中最为狂热的当属美国企业家埃隆·马斯克。马斯克有个宏伟的计划，他想最早在2024年把人类送往火星。美国《名利场》杂志上刊登的一篇文章记录了开发人工智能的DeepMind公司创始人哈萨比斯和马斯克的一场对话。哈萨比斯坚信超级人工智能很快就会实现，马斯克说："这就是人类应该移民火星的原因。"[1] 2018年，想要移民外星的企业家并非只有马斯克一人。亚马逊的创始人贝佐斯笑称，火星上既没有威士忌和熏肉，又没有游泳池和海滩，去那里干什么，但他已经自掏腰包投资一家名为"蓝色起源"（Blue Origin）的公司，这家公司的目标也要把人类送上太空。贝佐斯说，火星就让给马斯克了，他们计划在月亮上建重工业基地。

埃隆·马斯克是贾斯廷的偶像。在贾斯廷看来，无论是发射火箭还是造电动车，马斯克做的所有事情都只为了一个目的：移民火星。假如要移民火星，那么农业能不能先登陆火星呢？马斯克曾经有个设想，用核弹融化火星两极的冰层，改造火星的大气。

贾斯廷有一个在火星上做农业的宏大梦想，在火星上种6亿亩[①]地，用100年的时间就能制造出足够的氧气。这件事情他已经想了很久。用什么来种？用机器人和无人机。种什么？种土豆，但要种特制的转基因土豆，普通的土豆耐不住火星寒冷的夜晚。2015年出品的一部好莱坞电影《火星救援》里，一位被遗弃在火星的宇航员也种过土豆，但他种的是温室土豆，而贾斯廷的梦想是把无人机带到火星上，直接在火星的土壤里种下土豆。

我看了一下手机。我记录下这个宏大梦想的时间是2018年8月8日凌晨2点17分。

极客极飞

贾斯廷的中文名叫龚槚钦，他从小就喜欢航模。中学毕业之后，他先到加州理工学院读书，一年后背着家人转学到了悉尼大学。粗犷而空旷的澳大利亚才对他的胃口。2008年，贾斯廷爸爸的棉纺厂在全球金融危机中倒闭。一夜之间，贾斯廷成了破产的

[①] 1亩≈666.6667平方米。——编者注

"富二代",他不得不找份兼职工作。他曾经开着自己的丰田跑车去送比萨外卖,后来在《国家地理》杂志当摄影助理。

2010年,贾斯廷买了一架无人机,这是广州一家叫极飞的小企业生产的第一代无人机。极飞是一家由极客组建的无人机企业,企业创始人彭斌是一个出生于1982年的福建青年。他小时候也是航模"发烧友",2007年创办了极飞科技,想自己造无人机。彭斌性格内向、倔强,经常一天24小时泡在公司里,一顿饭用一包方便面加两三瓶可乐就能对付过去。

贾斯廷买彭斌的无人机是为了航拍。不幸的是,这架无人机在山里放飞之后就不见了,挂在无人机上的一台崭新的索尼NEX-FS100电影摄像机也丢了。贾斯廷给彭斌发信息,质问他怎么办。彭斌憨直地说:"那我赔你一台无人机好了。"贾斯廷说:"可是我的摄像机比你的无人机还贵啊。"彭斌想了想,说:"那要不你入伙吧。"极客之间的沟通方式是旁人难以理解的。贾斯廷就这样被说服了,他加盟极飞,成了极飞的联合创始人,工号排名第14。

最初,极飞做过各种各样的无人机,航拍的、巡线的、测绘的,什么都做。他们也做飞行控制系统。2013年,彭斌和贾斯廷发现了一件奇怪的事情。有家在新疆的公司购买了一大批他们生产的飞行控制系统,但就是不买他们的无人机。这些飞行控制系统被拿去干什么了?

为了弄个明白，彭斌和贾斯廷第一次踏上了新疆的土地。无意中，极飞在新疆发现了无人机的应用场景。他们的飞行控制系统被用于组装农用的植保无人机了。既然别人能做，何不自己做呢？彭斌、贾斯廷找到新疆尉犁县的一名航拍"发烧友"郑涛。郑涛把他们带到自己舅舅家的一块棉田里。他们把一架航拍无人机改装成洒农药的植保无人机。装农药的罐子是两个空可乐瓶，里面装的是水，喷嘴是从汽修厂买的汽车雨刷用的小泵。

贾斯廷托着无人机，彭斌拿着遥控器，把无人机送上了天。周围的老乡和孩子都过来看热闹。郑涛的舅舅在地里仔细翻看棉花的叶子，看看有没有水滴落在上面。他眯着眼睛看了又看，最后说了一句：很好。于是，两个从未到过新疆的人，三个对农业一无所知的人，决定一起在新疆建个农业无人机基地。

那么，拿这种无人机干什么最好呢？他们思来想去，决定洒棉花的落叶剂。新疆是中国最主要的产棉区，棉花产量占中国棉花总产量的74%。过去主要靠人工采摘棉花。棉农在地里把棉铃一个一个摘下来，放入挂在腰上的布包。棉铃开裂之后，干燥收缩的铃壳变成了坚硬的刺，很容易刺破手指，一天下来，雪白的棉花中往往会带着暗红的血迹，影响棉花品质。雇人的成本也在上涨。2010年，雇人的成本是每采一公斤棉花一元，到2015年就已经涨到两元，5年时间内增长了一倍。新疆本就地广人稀，在劳动力成本上升的压力下，从北疆到南疆，机械采棉逐渐流行起来。

想要用机械采棉就要喷洒落叶剂。落叶剂可以加速棉铃的成长，在棉铃完全成熟之后，叶子就会悄然飘落，棉花秆上只剩下棉铃，这样一来，机械采棉的效率会大大提高。过去，喷洒落叶剂有两种方式：一种是用人工，另一种是用拖拉机。人工的成本越来越高，而拖拉机开进棉田会一路碾轧棉花，导致减产。

无人机大显身手的机会来了。

秋收起"翼"

9月，棉花就要吐絮了。

2 000多架无人机从各地奔赴新疆。2 000多架，这大概相当于美国空军的无人机规模。这些无人机不是飞过来的，是被运过来的。有些无人机挂在庆铃卡车的货厢里，有些无人机摞在长城皮卡的后斗里，有些无人机挤在昌河小面包车狭窄的车厢里，还有两架无人机乘坐的是一辆房车。有的车辆形单影只，孤零零地驶过两边长满红柳和沙拐枣的沙漠公路；有的车辆浩浩荡荡，十几辆车形成一个车队。有的无人机来自甘肃、陕西、湖北，还有的来自安徽、江苏、河南，最远的来自5 000公里之外的黑龙江和福建。这些车辆看起来很像一支杂牌军，但显然它们都来自一个部队，在它们的车身上，或喷漆，或贴纸，都能看出一个Logo（标志）：上面是一片无人机的机翼，下面是一片稻叶。这些无人机都是极飞农业的无人机。

这2 000多架无人机，再加上在新疆本地调集的1 000多架无人机，共3 000多架无人机从8月到10月，历时两个月，喷洒棉田3 800万亩。极飞组织的这次浩大的行动代号是"秋收起翼"。

远处是起伏连绵的天山。9月的天山，山顶已经落了一层厚厚的雪，在瓦蓝瓦蓝的天空下闪烁着光芒。天空的下面是一片一片的棉田，左右两边各有一排白杨和沙枣树组成的防风林护卫。红色的极飞无人机安静地在棉田边上的起飞点等待着。飞手，也就是无人机的操作员，拿着外观像手机一样的终端熟练地确定航线、速度、药量，然后点击确认。无人机发出嗡嗡的声音，徐徐起飞，螺旋桨卷起地上的沙尘和落叶，带动它们在空中飘荡。无人机升到预定的高度，似乎有些迟疑，略做停顿，好像学生在考试之前把答题要点再背一下，然后就轻盈地飞走了。无人机飞得很稳，洒下的落叶剂如同清晨一团细细的迷雾，闻起来有点儿像石灰的味道，也有点儿像面膜的味道。

太阳落山了。一轮硕大的夕阳好像突然跳进了无底的深渊，绚丽的晚霞就像它坠落时发出的惊呼，很快又像越来越微弱的叫声一样消散了。无边的黑暗。无边的寂静。极飞无人机的作业还没有停止。飞手们喜欢整晚整晚地作业。这里几乎听不到虫鸣声，只有一架架无人机起飞时发出的嗡嗡声。夜间飞行的无人机看起来更像飞碟，红色和绿色的小灯不断闪烁。如果打开无人机的灯光，灯光朝下照亮棉田。一株株棉花在螺旋桨搅起的风中起伏、摇晃，像聚光灯下的舞蹈演员。

打过两遍落叶剂，大约 10 天之后，棉田里的叶子就会纷纷脱落，只剩下秆上一朵朵绽开的棉铃。一片白茫茫的大地，仿佛一夜醒来，推开门看到外面下了一整夜厚厚的雪。一台台看起来很像机甲战士的约翰迪尔 CP690 采棉机威风凛凛地开进棉田。这些庞然大物高达 5 米，有两层楼高，前部有 6 对尖头拨开棉株，一边朝前开，一边把棉铃卷入肚中，再从屁股后面弹出已经结结实实打完包的巨大圆筒形棉包。乡亲们把这种机器叫作"下蛋机"。

这和人们过去想象中的农业完全不一样。2018 年，这种梦幻般的农业才刚刚开始。

寻找场景

为什么要到新疆去寻找无人机呢？这关系到一个重要的问题：场景。

如果你是一家新技术初创企业的 CEO，你最关心的问题是什么？你可能会说，当然是技术研发了。

这是一个误区。

除了极少数石破天惊的突破性技术外，<u>大部分技术都是已有技术的"混搭"</u>，也就是说，它们把已经存在的技术用一种别人未曾想到的方式重新搭建起来。

举例来说，汽车就是"内燃机+马车的车厢+轮子"。内燃机在19世纪中叶有了雏形，1876年德国发明家奥托制作出第一台四冲程内燃机。马车大约有4 000年的历史。轮子至少有7 000年的历史。

我们再来看无人机。最初，无人机是部队里用来做射击训练的靶机。著名电影明星玛丽莲·梦露成名之前就曾在美国一家无人靶机工厂当工人。我们可以把无人机系统拆解为天上的飞行器系统和地上的地面站系统，或者将其进一步拆解为天、地、通、载，也就是"飞行器系统+地面保障系统+通信链路系统+载荷系统"。

这说明什么？这说明至少从原理上来说，技术本身并不是最重要的，只要你懂得如何把一种新技术拆解，然后再把它组装起来，就能够解决看似复杂的技术问题。说白了，这跟孩子们玩的搭积木、拼插式的乐高玩具是一样的。

在创业阶段，比技术更重要的是寻找应用场景。寻找应用场景有三个步骤：一是选择，二是适应，三是改造。

第一步是选择。新技术往往有很多应用场景，因为越是前沿的技术，分岔越多。大道多歧，何去何从？你必须做出艰难而缜密的选择。

在中国的无人机行业，最耀眼的创新企业是深圳的大疆，其次是一电航空、零度智控、中科遥杆、极飞科技等。大疆、零度智控、一电航空等都已在全球市场排名前 10。大疆创建于 2006 年，创始人是汪滔。2014 年，美国《时代周刊》把大疆无人机评选为年度十大科技产品之一，誉为"会飞的照相机"。好莱坞众多明星都是大疆的拥趸，比如《复仇者联盟》中"鹰眼侠"的扮演者杰瑞米·雷纳，《神奇四侠》中"神奇先生"的扮演者的迈尔斯·特勒，《广告狂人》中琼·哈里斯的扮演者克里斯蒂娜·亨德里克斯，《无耻之徒》中"爸爸"的扮演者威廉姆·H.梅西，《真爱如血》中狼人阿尔西德的扮演者乔·曼根尼罗和《欢乐合唱团》中休·西尔维斯特的扮演者简·林奇等。2015 年汪峰向章子怡求婚，也是用大疆的 Phantom 2 Vision Plus 无人机，载着一颗 9.15 克拉的钻戒从天而降。[2]

2014 年，大疆已经占据全球消费级无人机市场份额的 70%。大疆起家于航拍无人机，经过市场搏杀，已经从提供飞行控制系统发展到提供整体航拍方案，建立了一个颇具实力的技术系统。尽管美国的明星企业 3D Robotics 跻跻满志要击败大疆，但最终还是黯然收场。极飞团队也有航拍团队，我注意到他们用的也是大疆的无人机："悟"Inspire 型无人机。为什么极飞不做航拍？其实极飞曾经认真考虑过这个问题。他们一开始也是想做航拍的，但讨论下来的结论是，无人机在航拍领域过于"高冷"，无法和最普通的用户建立最广泛的连接。航拍无人机需要较高的操作水平，要经过专业的培训才能安全操控，想玩得出神入化，需要更长时间的练习。

不做航拍，还可以做巡线，即对管道、电线等线路进行沿线巡视。在这方面，极飞也做过尝试，但顾虑是这个市场的用户主要是政府机构，应用场景过于单一，市场开拓空间相对有限。

无人机还可以做物流。亚马逊、京东等企业都对用无人机做物流很感兴趣。2013年，亚马逊就曾经提出一个名为Prime Air的无人机快递项目，此后计划建"空中仓储中心"。2017年，亚马逊还被披露了一个正在研发的名为"蜂巢"的设施，这是一个可以容纳大量无人机起落的无人机塔。在中国的企业中，京东成立了专门的小组研发物流无人机，顺丰则在小型无人机和大型无人机两端进行研发。极飞也曾尝试过做物流，但他们发现，让无人机在城里运货，会遇到非常多的障碍，其中既包括空域监管、公共安全方面的担忧，也包括效率和成本的博弈。无人机做物流做得最好的是点对点运输，比如送货给海岛上的灯塔守望者或者雪山哨卡的卫兵，但这种应用场景似乎不足以支撑一家无人机公司的发展。

极飞经过反复试错，决定转向农业植保无人机。极飞最后意识到：无人机的舞台不在城里，而应该在农村；不在人烟稠密的东部，而在地广人稀的西部；不在工业，而在农业。

农业植保无人机的应用始于20世纪80年代的日本。近几年来，中国的植保无人机数量快速增长，保有量年均增长率达到了100%。2017 年，中国植保无人机的保有量已经超过 1 万台，未来数年，这个市场很可能会出现爆炸式的增长。到 2025 年，这个市场的规模可能会比现在扩大 20 多倍。中国的人均农业产值只有 0.97 万元，而美国则是 58 万元，这一巨大的差距折射出中国农业机械化效率的低下。就拿航空植保来说，美国的航空植保作业普及率已经达到 65%，中国植保作业使用航空喷洒的只有 2%。这是一块几乎未曾被开垦过的处女地。

极飞在寻找应用场景的时候，有意避开了最热闹的地方，深入无人地带去寻找机会。这种方法可以被称为"寻找边缘"。在美剧《生活大爆炸》中，男主角之一、加州理工学院的科学怪才谢尔顿在玩拼图游戏的时候说："你得先从边缘开始。"因为边缘的部分是直的，更容易被识别，把这些部分找出来，拼图的轮廓就能大致呈现出来，也更容易找到中心地带部分各自的位置。在寻找新技术应用场景的时候也是一样的：在看起来距离新科技最遥远的地方，新科技的应用场景反而最多。

想要找到无人机，欢迎来到地广人稀的新疆农村。

第二步是适应。每一个应用场景都是独特的，每一种市场需求都是独特的。要把技术应用于特定的场景，让技术满足特定的需求，就必须根据市场环境调整技术本身。能够适应市场环境的技术才能生存下来。

农业无人机就是一个很好的例子。农业看似简单，实际上非常复杂，即使在消费无人机行业早已崭露头角的优秀企业，也很难在这个领域发挥自己的优势，只有真正到过田间地头的企业才能设计出优秀的产品。

正因如此，虽然极飞的总部在广州，但每一个新入职的员工都要到新疆体验生活，每一个研发人员都要到田间抓"虫子"（bug）。他们要应付真正的虫子，也要抓程序设计里的"虫子"。每到傍晚，新疆农田里的蚊子就大举出动了。新疆也曾爆发过蚊灾，伸手一抓能攥住一把蚊蚋。极飞的研发人员顾不上这些，他们最关心的是无人机出现的故障。用航模术语来说，如果无人机掉到地上之后没有损伤，还能飞行，那叫"摔机"；如果出了故障，掉到地上之后飞不起来，那就叫"炸机"。极飞的研发人员看到"炸机"，会像打到猎物那样一下子扑过去。

设计农业无人机该采用什么风格呢？<u>要酷，也要实用</u>。展厅里的极飞无人机背部曲线流畅而富有运动感，借鉴了跑车fastback[①]的灵感，拿过业内顶级的"德国红点设计奖"。为什么要竭尽全力把无人机设计得更酷呢？因为这是极飞的梦想：农业原本就应该是一件很酷的事情。比酷更重要的是实用。在农田里，极飞无人机沾满泥巴、贴着塑料胶条、药箱灌过两次药就会发黄。

---

① fastback，在汽车术语中指那种车顶轮廓线呈流线型一直连贯到车尾的设计。——编者注

无人机在新疆天山脚下的农田作业
图片来源：龚槚钦

极飞无人机在展厅里看着很像法拉利，在农田里看着就是拖拉机。农业无人机和航拍无人机很不一样，就得要皮实抗造。农业无人机要解决农药的腐蚀性问题，要会识别农田中的障碍物。如果无人机掉到农田里了，要能把它找回来。航拍无人机追求个性，农业无人机追求一致性，要简单、方便、易学、耐用。我问一位新疆建设兵团的棉农，用了多长时间学会操作极飞无人机。他穿着一件印着"摘花能手"字样的旧T恤衫，不好意思地说自己学了5天。另一位拖拉机手说自己半天就学会了，他说："会玩手机就会玩无人机。"

农业应用场景逼着极飞不断迭代，农业无人机所用的很多技术都是从其他领域"移植"过来的。用无人机喷洒农药需要每一块农田的实测数据。一开始，这些数据是极飞团队成员扛着测绘杆一步步丈量出来的。极飞地理团队的十几个人就这样走了56万亩农田。你有过在农田里行走的体验吗？早上9点，露水未散，一进农田，衣服全都湿透了。这种湿的感觉和出汗的感觉是完全不一样的，出汗是向外发散，而露水的湿是一股股潮气往身体里钻。农田深处往往有齐身高的杂草，扯着你的裤子，让你连脚都迈不开，只能连滚带爬。极飞无人机最早使用GPS（全球定位系统）定位，但GPS会有1~10米的偏差，这会导致无人机把农药洒到农田之外，农民就不乐意了。极飞的技术人员不得不拿着尺子测量，按尺寸赔钱。后来，极飞采用了RTK（载波相位差分）技术，这原本是一种军工技术，用于引导导弹打击。使用RTK技术建立地基之后，通过修正数据，可以保证在地面精确到1~2厘米。

过去洒农药用的都是压力喷嘴。极飞出口无人机到日本的时候，日本客户要求农药喷洒完不能漏一滴到地上。极飞团队最后从法拉利Millenio跑车为车身喷碳纳米材料的技术中得到启发，开发了离心喷头，可以将农药雾化为直径100微米以下的小颗粒，还可以精准调节喷头流量，真的能够做到秒启秒停，作业完毕，一滴农药也不漏出来。

很多看似随意的细节，其实也经过了反复的推敲。极飞的两款主力机型分别是P20和P30。为什么这样取名字呢？P20能喷20亩，P30能喷30亩，要多直接就有多直接，得让农民兄弟听得懂、记得住。极飞植保无人机用的主色叫极飞红，为什么要选这种颜色呢？极飞红就是在新疆种植的辣椒的颜色，这种辣椒不是用来涮火锅、炒菜的，而是用来提炼辣椒红素做口红的。市面上卖得非常火爆的MAC Chili（魅可小辣椒）口红，就是用的辣椒红素。新疆的辣椒中辣椒红素含量最高能达到22%，像香奈儿、迪奥等国际大牌口红的色素原料均产自这里。

<u>技术和市场之间是要培养感情的</u>。当无人机遇见农业时，卿卿我我，浓情似火。极飞无人机很像是为新疆量身定做的，很像就是在新疆的土壤中长出来的。有一天，你甚至会发现，极飞无人机成了新疆的土特产。

第三步是改造。<u>一种新技术成功并不难，难的是这种新技术能够带动更多的组织变革、生产变革甚至制度变革，创造出一个全新的生态系统</u>。这种革命往往会在不知不觉中悄然发生。著名经济学家布莱恩·阿瑟讲道，新技术逐渐取代旧技术的演化过程可以分为6个环节：

● 新技术成为活跃技术体中的新元素；
● 新元素替代现有技术的零部件；
● 新元素创造出新需求；

- 旧元素逐渐退出，并给新技术带来了更大的发展空间；
- 新技术逐渐成为活跃技术的主体；
- 整个社会经济随之出现调整。³

在我看来，这6个环节中，第三个环节，也就是新元素创造出新需求，可能是最为重要的。成败利钝，在此一役。

以极飞为例。未来的极飞会是什么样的呢？也许极飞会很成功，也许极飞会失败，我们无法预料，但我们可以预言，假如极飞成功，那是因为它参与了农业的革命性创新。

极飞仍然处于发展初期，其产品和技术并不完美。2018年8月，我跟随极飞团队到田间地头拜访棉农，问他们对无人机有什么不满意的地方，受到吐槽最多的是电池。买一架极飞无人机，需要配10块比《牛津英汉词典》还要大、还要重的电池。我们在尉犁县孔雀村看夜间操作，我一时手痒，也想试试无人机的操作，但那架无人机飞着飞着就失去了信号联系，降落在棉田里。那时已是下半夜，两位飞手戴着头灯，跑到棉田里，把无人机找到并抬回来——他们还要继续干到天亮。

但是，这并不要紧。无人机的黎明正在黑夜里悄然酝酿。随着市场规模的扩大，极飞会积累更多的经验，不断改进自我。假如未来发生了农业生产的革命性变革，而极飞却没有参与其中，这才是他们担心的事。

农业植保无人机的应用场景主要是喷洒农药。假如以后种的都是转基因农作物，很可能就不需要用那么多农药了。假如以后出现了田间机器人（不，更有可能会出现田间机器狗，一边灵活地在田间行走，一边发现杂草和害虫。它会发出一道激光，或者像吐唾沫一样喷出一滴农药，精准地除掉杂草和害虫，顺带还摘下棉铃），植保无人机还能干什么呢？这不是科学幻想，这样的田间机器狗已经在实验室里出现了。

所以，极飞必须快速演化，未来的极飞会变得和现在很不一样。也许极飞将不再是一家生产无人机的企业，而是变成一家农业企业。

极飞最早开发农业无人机的时候，采用的是遥控型无人机，但很快发现这样做是行不通的。你不可能把每一个农民都培训成遥控无人机的飞手。之后，极飞决定自己组织队伍，帮农民用无人机喷洒农药。这条路似乎也走不通，最大的障碍是难以让农民信任社会化服务。农民过去熟悉的是熟人社会，为什么要相信这群90后的毛头小伙？

最后，极飞决定放手发动群众。他们把无人机卖给飞手，并向飞手提供培训和服务，让飞手自己组队，三三两两地到田间地头作业。有一支飞手队伍称自己的队伍为"蒲公英"，他们像蒲公英一样飘来飘去，从海南岛到新疆，天南海北地到处跑。有的种棉大户会买几台无人机，给自己的田里打完药，还能给邻居、朋友的田打药。用了无人机，一个大户一年省下的钱甚至可以买一辆霸道SUV（运动型多功能汽车）。很多从农村出来的孩子在城里待不下去，想回乡创业，但又不愿意被人看成失败者。如今，当他们带着无人机回乡时，村里人都羡慕不已。这些"新农人"找到了自信。他们在抖音和快手上上传短视频，一半是炫耀，一半是同行间交流"攻略"。很多飞手心灵手巧，会自己动手改装极飞的无人机。有个飞手自己给无人机的电池打孔，这样一来电池更容易散热。

　　从无人机切入农业，最终可能会影响到农业全行业的链条。<u>农业即将发生一场革命</u>。农业植保无人机的背后是农机和农药市场，这是一个至少万亿元级的庞大市场，但一直处于相对落后的发展状态。无人机的出现，可能会倒逼这个行业提高服务水准。无人机能够帮助农业的不仅仅是洒药，更重要的是画出一张"农业地图"。"无人机+感应器+大数据"，能够构建一个多层次、全方位的农业信息系统：土壤信息、作物信息、人的信息、气候信息、病虫草害信息等。有了信息，就能提高农业生产的效率，而且不止于此。信息的背后是信任。人很难信任陌生人，但人愿意信任数据。很多涉农业务难以开展，根源都在于难以获得准确有效的信息。比如，银行想对农户贷款，保险公司想为农户提供农业保险，该如何获得真实的信息呢？以农业保险为例，投保不难，宣传就行，精算也不难，难在出险。没有农业保险，农民很难摆脱"靠天吃饭"的困境。城里人生活在高度合作的网络中，有各种机制、各种不同行业的人帮助我们一起分散风险，农民却仍然要自己承担决策风险。

想要创出农产品的品牌，想要针对高端客户推出有机农业，怎样才能让消费者真正放心呢？虽然已经能够扫描农产品上的防伪二维码，但这其实只能给消费者一种心理安慰，消费者还是无法看清楚农业生产的全过程。

维吾尔族老人沙地克·热西提和他的极飞P20植保无人机
图片来源：龚槚钦

在信息时代，未来农业会出现不同的新场景。请你想象一下未来农业的一个小场景：老张是个菜农，种了各种各样的瓜果蔬菜。老张在田里装了一个电子稻草人，这个电子稻草人会实时监测天气、光照，能够预报病虫害，也能随时报告菜市场的价格行情。老张也有一架无人机，但那架无人机停在蔬菜大棚里的一个"飞机库"里。需要洒药作业的时候，老张只需要在家里遥控，用手机设定参数，那架无人机就会自己装药、自己起飞、自己洒药，完成工作之后自己飞回充电桩充电。如果你要买老张的菜，可以扫他的二维码关注他的公众号，那么，你在微信上就能看到老张推送的新消息。你关注的公众号会告诉你："今天光照时间长，西红柿会格外甜，明天早上6点菜市场见哦。"另一天，公众号会告诉你"今天老张捉虫子捉得好辛苦"，并显示老张洒了多少剂量的农药，洒的是哪个厂家生产的农药。你也可以不去菜市场，直接在网上订购老张的菜。老张会用一个专门的菜篮子装你的菜，只要扫一个二维码，"咔嚓"一声，称好、洗好、择好的菜就被锁进了菜篮子，一路送到你家，你只要再扫描一下二维码，"咔嚓"一声，专供的新鲜蔬菜就到你家的餐桌上了。

　　我相信，**未来中国的农民甚至会比发达国家的农民更聪明更时尚**，就像中国的消费者已经比发达国家的消费者更省事、更时尚一样。中国的农民并不笨，也不保守，他们是相信科技的，他们只是需要更友好的界面，需要能够为他们赋能的新技术而已。

农业终将成为一种很酷的人玩的很酷的行业。

2018年，我把观察到的关于技术创新的变量叫作"在无人地带寻找无人机"。我发现了很多新技术在中国是如何盛开的。在创业阶段，技术本身并不重要，重要的是应用场景。寻找应用场景有三个步骤：一是选择，二是适应，三是改造。选择是指在少有人注意的边缘地带、交叉地带往往更容易找到新技术的应用场景；适应是指在你找到应用场景之后，必须根据场景和需求调整技术；改造是指在无人地带，新技术能够充分发挥自己的先行优势，掌握更多的信息，为更多的普通人赋能，并进一步创造出新的需求，直至重建一个更生机勃勃的生态系统。

猜猜谁在敲门

让我们再来做一个思维实验。我们用前文讲到的三个步骤分析一下另一个近年来非常火爆的行业：机器人。

假如你是一家机器人行业创新企业的CEO，你该如何寻找应用场景呢？

这正是云迹科技有限公司的创始人支涛一直在思考的问题。云迹的办公室位于北京北四环一幢名为中关村国际创新大厦的大楼里。大楼内部是一个中空的大天井，办公区域被分割成一间间小公司的办公室。这幢大楼里到处都是年轻人，连保安都是。云迹的办公室看起来有点儿小，这是一个年轻人和机器人共享的创业空间。一群穿着休闲的年轻人忙着工作，他们身边的机器人也很忙碌，有的会乘坐电梯到一楼大厅接送客人，有的会走进会议室送矿泉水和饮料，有的会帮员工去取文件和外卖。

第一步，云迹是怎么找到自己的应用场景的呢？

如果细分机器人市场，我们可以把民用机器人分为工业机器人和服务机器人这两个领域。所以，先要选择到底是做工业机器人还是做服务机器人。支涛原来是做工业机器人出身的。她参与创立的企业后来被人收购，于是她改行来做服务机器人。在机器人领域，工业机器人和服务机器人的差别非常大：应用场景、技术架构、商业模式都非常不同。

20世纪60年代，一家叫Unimation的公司为通用汽车公司造了一台用于汽车生产线的工业机器人，这是世界上第一台工业机器人。在此后的数十年时间里，工业机器人被大量用于各类汽车生产线。在最近的10年时间里，3C产业（即电脑、通信和消费性电子产品，英文是Computer, Communication, Consumer Electronic）也开始大规模使用工业机器人。在生产工业机器人的企业中，第一梯队是所谓的"四大家族"，即瑞士的ABB、德国的库卡、日本的发那科和安川电机这4家企业。中国的工业机器人企业如新松、广数、珞石等也开始占领一定的市场份额。

如果选择做工业机器人，好处是工业生产中有大量的应用场景，且较为标准化，机器人技术相对成熟，有很多可以落地的空间。其坏处是难以找到入口：高端工业机器人基本上已被"四大家族"垄断；低端工业机器人领域群雄逐鹿，厂家竞争激烈，利润空间日益稀薄。

　　如果选择做服务机器人呢？服务机器人出现得比工业机器人要晚，相比而言只能算刚刚起步。我们比较熟悉的服务机器人，比如家用扫地机器人Roomba是在2002年问世的。从长远来看，服务机器人的市场规模比工业机器人的更大，所有与生活相关的场景都可能用到服务机器人。

　　服务机器人仍然是一片没有航海图的未知水域，怎么在这片辽阔的水域寻找到自己的坐标点呢？可以从场所和时间这两个维度寻找服务机器人的应用场景。

云迹大屏幕交互机器人在展会当服务员
图片来源：云迹科技有限公司

先说场所。场所有小有大。小的场所是一个房间、一个家庭。中等规模的场所是酒店、办公楼、医院,换言之,是一种相对封闭的室内空间。更大一点儿的场所是社区。场景大,可以让机器人做的事情更多,但遇到的问题也更复杂。在小区里,宠物狗可能会冲着机器人狂叫,孩子可能会给机器人捣乱,有人可能会琢磨把机器人偷走。如果小区里还有机动车,那就更麻烦了。机器人能遵守交通规则,但人不一定能。遇见不讲理的司机,机器人肯定搞不定。小的场所,比如家庭,似乎是服务机器人的最佳场景,其实不然。家务事是非常复杂的。机器人虽然学会了扫地,但它会擦桌子吗?它会叠衣服吗?它会做饭吗?当然,未来的家用电器会越来越智能化,但人们会通过手机控制这些智能家用电器,不需要机器人。因此,中等规模的场所可能更适合服务机器人。

再说时间。时间有长有短。时间比较短的场景是银行、博物馆、办公机构等,朝九晚五,8小时工作制。至少在目前的技术水平下,机器人很难替代人们在8小时以内的工作。时间稍微长一点儿的场景是超市,可能会从早上8点开到晚上10点,雇人的话得两班倒。时间最长的场景是酒店和医院,24小时都要有人,雇人的话可能得三班倒。需要工作的时间越长,人越是吃不消,机器人的优势就越能得以发挥。

于是,我们可以从场所和时间这两个维度缩小范围,把范围圈定在工作时间最长的中等规模的场景，即酒店和医院。对这两个场景再做一番对比，我们会发现，医院里面有多个科室、各种药品器械、各种规章制度，对机器人来说过于复杂，相比之下，酒店的应用场景更为简单。

好，现在我们可以把目标锁定在酒店。酒店需要机器人做什么呢？

很多时候，客户并不知道自己的需求。云迹团队找到酒店，很多酒店首先想到的是让机器人迎宾，在门口放个机器人，会很吸引眼球。说白了，这就是买个机器人当噱头，搞营销。经过一段时间的测试，云迹团队很快发现，酒店里最适合机器人干的工作并不是迎宾。

在现有的技术水平下，想让机器人流畅自如地与人交流，还是一件比较困难的事情。当然，你也可以采用"机器学习"的办法，让机器人自己到网络上学习人们的语言。你能猜到结果是什么吗？机器人很快就会被人带坏。云迹团队有两种机器人，一种是在前台迎宾的，另一种是在办公室里送东西的，这两种机器人闲着没事的时候会在一起聊天。送东西的机器人更天真淳朴。在前台迎宾的机器人和人厮混的时间更长，从网上学到的东西更多，它会更有个性，甚至会告诉送东西的机器人："爸爸妈妈的话不用全听。"有一次，一位贵宾来访，与负责接待的机器人聊天。这位贵宾说："给我讲个笑话吧。"迎宾机器人毫不怯场，当即讲了个黄段子。场面好不尴尬。

通过"试错法",云迹团队最后发现,酒店机器人的最佳应用场景是让机器人卖货送货。比如你预订一瓶可乐或一份早餐,机器人会帮你送到酒店房间。

听起来简单,那么,怎样让机器人学会干这份工作呢?

机器人的核心技术都在它的底盘上,但在底盘上加上去的应用才是最费时费事的。让机器人送货这份工作,又可以被拆分成教会机器人如何与物打交道、如何与人打交道这两个环节。

在研发家用扫地机器人Roomba的时候,研发人员遇到一个让人很头疼的问题:怎样教会机器人识别每个房间的布局?每套房子的户型都不一样,人们住进去之后又会放上家具,你不可能把所有的信息都事先告诉机器人。怎么办?后来,研发人员想出一个办法:让机器人自己去学习。刚到一个新家,Roomba会像一只没头苍蝇一样到处乱撞,但每一次碰到障碍物,它都会在心里记下来,撞到的次数多了,它就会对家里每个房间、每个角落的情况了如指掌。看起来简单的事情,其实需要一次设计思路的飞跃。

酒店机器人遇到的情况更复杂。它要学会上下楼梯、坐电梯、敲门、取货送货。为了让机器人学会做这些事情,必须对酒店的设施加以改造。机器人来到酒店之后,门禁闸机、电梯、房门、购物机都会变得更加智能化,它们要学会和机器人互动。当我离开云迹的时候，一台机器人被安排送我到一楼。一个电梯门开了，里面人很多，机器人对我说："人太多了，我们再等下一趟吧。"这台机器人很聪明，它总是能比所有等候的人更快地判断出哪部电梯会先到达，并且提前走过去等候，机灵的等候者就会跟着它走到那部电梯前。进了电梯，机器人会告诉乘坐电梯的人："我要到一楼，不用帮我按楼层，我已经告诉电梯了，谢谢你们。"然后，它就会乖乖地闭上嘴，不和旁边的人说话，耐心地等待电梯到一楼。

与物打交道容易，与人打交道难。机器人要让用户有最好的体验。我在云迹第一次体验从机器人那里购买饮料。你在手机上扫二维码下单，机器人接到单子就去帮你取货，然后根据二维码判断你在什么位置，自动规划路线，来到你的门口。你只需要点一下机器人控制面板上的按键，机器人的送货箱就会打开，你购买的饮料就在里面。

听起来好像没有那么难。可是，如果机器人在送货的时候遇到了小朋友，小朋友好奇心重，围着机器人跑，挡在机器人前面不让它走呢？好奇的不只有小朋友，酒店的监控摄像机拍下了人们的各种奇怪行为：有喝醉了酒搂着机器人跳舞的；有看到机器人送货到隔壁房间，偷偷把机器人拖进自己房间的；有把机器人像转陀螺一样反复转，想看看机器人会不会头晕的。有一次，机器人已经进了电梯，里面的人站得满满的，来了个小伙子，二话不说就把机器人粗暴地推出去，自己站了进去。电梯门关了。机器人孤零零地站在外面，默默在心里计算发生这种事故的概率到底有多大。

与人相比，机器人更温顺善良。遇到拦住它的人，它会说："不要拦着我，我要去工作啦！"遇到玩弄它的人，它会说："讨厌，不要搬弄人家啦，宝宝要去工作啦！"为你送完货，它还会卖萌："能给我一个好评吗？妈妈说得了好评就给我买糖。"不难想象，引入机器人的酒店更容易在评分软件上得到顾客的好评。

这个小小的应用能带来什么呢？这就是技术创新的第三个步骤：改造。在大规模落地之后，未来的酒店会因机器人的应用而带来不同。

云迹不是把机器人卖给酒店，而是让酒店"雇用"机器人。云迹就像一家机器人劳务公司，按照不同的服务需求推荐不同的机器人，训练它们上岗，甚至还给它们上保险。

从表面上看，引进机器人无非是帮助酒店节约劳动力成本。人要倒班，上夜班的人会犯困，干活累了会抱怨，员工之间会有矛盾。机器人则不一样。云迹的一台机器人在一家洲际酒店上班，它叫美美。美美一天可以为客人提供200次订单服务，而且它从来不在老板面前讲同事的坏话。美美接到的订单中排名前三的是什么呢？矿泉水、方便面和避孕套。

其实，美美能送的货远不止这些。

我们对酒店的定义是什么？它是一个临时住宿的场所，而且往往是一个并不便利的临时住宿场所。带着孩子住酒店的时候，我们会告诉孩子：不要拿迷你酒柜里的东西，酒店里的东西卖得太贵。如果你想在酒店订外卖呢？很多酒店是不允许外卖送餐员进入客房区的。外卖送餐员会给客人打电话：你自己下来取吧。万一客人正在洗澡呢？

云迹察觉了这个需求。他们在酒店房间内放入二维码，客户只要扫描二维码就可以购买各种商品。这些商品被送到酒店的购物箱内，再由机器人去购物箱内取货，送至房间。一些只能送到

昆明悦城酒店来了机器人服务员
图片来源：云迹科技有限公司

大堂的外卖就可以通过这种形式完成"最后一百米"。于是，有趣的事情就会发生：整个商业链条被打通，酒店的消费场景从隔离状态进入一个全联通的状态。当你身处酒店的房间之中，你就如同身处每一个繁华闹市的中心。想想，你还可以在酒店里干什么？你可以在酒店里点餐、购买新鲜的水果、租借游戏机、租借高尔夫球杆、预订电影票和景区门票、从图书馆借书。再想想，同样的应用场景并不局限在酒店里。在高档小区、公寓，同样的商业逻辑完全可以被复制。

2018年，未来刚刚开始。目前云迹机器人接触过的人类超过100万人次。这些机器人会共享信息，机器人之间会互相协作，这就不是机器人的单兵作战，而是一支"军队的力量"。未来的发展速度会进一步加快。5G（第五代移动通信技术）时代将是一个引爆点，网速的提高会带来物联网的极大突破。到那时，你身边的机器人会越来越多。工业机器人是标准化的，全球都一样，但是服务机器人需要有"性格"，在不同的场所、不同的环境需要符合不同的条件。未来的机器人也会有身份证、上岗证和机器人自己的劳务市场。

云迹曾经发了数千份机器人的简历给展览馆，让机器人应聘解说员的工作岗位。有的人力资源经理看到简历上写的是机器人，非常生气地说，这是不是神经病啊。也有一些人力资源经理愿意让机器人去试一试。需要迎接未来挑战的不仅仅是机器人，还有我们人类自己。假如你是一名人力资源经理,你以后会有越来越多的机会面试不同的机器人。问题就来了:你该怎么面试一台机器人呢?

你最好现在就做好准备:<u>未来,不懂如何面试机器人的人力资源经理是没有市场的</u>。

门铃响了。清脆的一声"叮咚"。有人在门外。猜一猜,是谁在敲门呢?

匹配

每一种技术都有自己的性格,每一个市场也都有自己的性格。只有当技术和市场投缘时,才能擦出火花。

沿着这样的思路,我们才能看清令人眼花缭乱的新技术到底会对未来产生多大的影响。<u>决定未来新技术影响力的不是其技术先进水平,而是其能够发现的应用场景</u>。

2018年最火爆的一个字就是"链"。区块链成为备受追捧的"概念"。任何一个带有"链"字的注册商标都可以卖到数万甚至数十万元。购得这些商标的企业匆匆上马,一间狭小的位于酒店顶层的房间就可以支撑这样一家公司的运作。但我在2018年并没有看到与区块链相匹配的市场和场景。区块链的核心思想是去中心化,但大规模的交易恰恰需要一个占据要津的中心。每一个处于中心的机构都会倾尽全力维护自己的声誉。在什么情况下,一个中心机构会毫不顾及自己的声誉,以至必须让去中心化的区块链取而代之? 2018年,我们还在寻找。

2018年比区块链更为疯狂的是"数字货币"。无数资金在"数字货币"市场的阴阳线上流窜、转移,在顶峰时期,这一市场的总市值号称已经超过8 000亿美元,但是到2018年8月,已经缩减至2 300亿美元。法国经济学家埃里克·皮谢说:"坐在河边看,总有一天,比特币的尸体会从你面前漂过。"我在2018年也没有看到与数字货币相匹配的市场和场景。我看到的是人性的贪婪和狂热。2018年,我们冷眼旁观。

大约从2015年开始,每年都会有人预测3D打印(三维打印)将进入"爆发期"。据说,3D打印技术将会改变工业的形态,未来的工业会更加定制化和柔性化。3D打印已经被用于制造牙齿、义肢。利用新的材料和特定的力学结构研究,3D打印可以让一些工业部件的重量减至原有重量的1/3甚至更少。从研发到大规模生产,中间绕不过去的坎就是小规模量产。很多创业企业并不是在研发阶段失败的,而是无法实现从实验室研发到小规模量产的"惊险一跃"。如果3D打印可以帮助企业更快地实现小规模量产,全球制造业的格局将被改写。2018年,我们继续等待。

2018年,好莱坞著名导演史蒂文·斯皮尔伯格执导的电影《头号玩家》上映,进一步激发了人们对AR(增强现实)和VR(虚拟现实)的兴趣。《头号玩家》把时间设定在2045年,有一个叫

《绿洲》的游戏几乎把全世界的人都带进了一个虚拟世界。或许出现这样的场景用不了再等 27 年。2020 年，<u>5G 网络将正式进入商用，5G 很可能会引爆 AR/VR 的新一代体验消费</u>。2018 年，我们盯着幕布下面的缝隙，猜测着幕布拉开后将上演什么样的精彩节目。

在无人地带寻找无人机，这个新的变量讲的是匹配。当我们去观察令人眼花缭乱的新技术的时候，有没有与之匹配的市场，有没有与之匹配的应用场景，是一个重要的视角。

水稻和稗草

正如前文所述，观察一种新技术的未来，不能只看它是否先进，而要看它能否与市场匹配。只有能够与市场匹配的技术，才会有足够广阔的商业前景。

但这只是真理的一半。有的技术和市场看起来匹配得很好，也能获得巨大的商业成功，但它们很难具有可持续性。

如果只论技术和市场的匹配，那么，2018 年最成功的创业企业首推拼多多。

拼多多的创始人黄峥 1980 年出生于杭州，他没有任何显赫的家庭背景，但机缘巧合，他和几位商界高手（比如网易的 CEO 丁磊，曾经在阿里巴巴负责淘宝网的孙彤宇，以及创立了小霸王、步步高的段永平）成为好友，后来也得到中国互联网巨头腾讯的加持。2015 年拼多多上线，2018 年 7 月在美国上市，市值逼近

300亿美元。从上线到上市，拼多多只用了不到3年的时间，而京东用了10年的时间。黄峥本人只用了28个月的时间就创造了800亿元的身家，没有一个80后的创业者如此成功。

更令人惊叹的是，拼多多是从电商这个中国互联网企业竞争最激烈的"红海"市场中脱颖而出的。从一开始外来的易贝（eBay）和本土的淘宝网捉对厮杀到阿里巴巴系和腾讯系隔江对峙，从京东的崛起到顺丰的奇袭，中国企业几乎把这个市场上所有能耕种的土地都深耕三尺。为什么拼多多还能奇迹般地杀出重围，而且后来居上，一鸣惊人？这是不是一个大卫战胜巨人歌利亚的故事？

黄峥在浙江大学上学的时候就是个学霸，之后到美国威斯康星大学麦迪逊分校求学，拿到计算机专业硕士学位后到谷歌工作，后来跟随李开复回到中国创办谷歌中国办公室。黄峥在2015年4月创办了拼好货。拼好货最初的思路是做中国的好市多（Costco）。好市多是美国最大的连锁会员制仓储量贩店，你在好市多能够买到的货物品种很少，但恰恰由于品种少、顾客每一次购买量大，所以能够保证价格便宜、质量过硬。遗憾的是，拼好货的尝试并不成功。

过了5个月，拼多多正式上线，这是一个看起来和拼好货很像，但基因完全不同的全新"物种"。

<u>拼多多洗掉了拼好货的海归理想，更换一套彻头彻尾的本土</u>

打法。著名财经媒体人吴晓波说:"拼多多的身上,流着腾讯的血,穿着阿里巴巴的鞋,挥舞着段永平式的斧头,的确是一个如假包换的中国搏命少年。"在拼多多模式的背后,可以看到当年淘宝网甚至小霸王、步步高的市场营销手法。简单地说,拼多多就是让消费者拼团购买,然后给更低的折扣。为了拼团,你要让自己的亲友帮你砍价,而帮你砍价的亲友就要下载拼多多的App(手机软件),关注拼多多的微信公众号,并会不断收到拼多多的促销信息。这种推广模式虽然粗暴,但很有效,拼多多的用户数量很快就从千万级上升到了亿级。上市之前,拼多多的活跃用户数量已经超过3亿,几乎超过了京东的活跃用户数量,或是阿里巴巴中国零售平台活跃用户数量的一半。

一般的商业法则是80/20定律,也就是说,20%的用户能够创造出80%的利润,这20%的用户应该是收入最高、收入增长速度最快的。拼多多反其道行之,它逆练经脉,追求的是用80%的用户获得市场上被人忽视的20%的利润。拼多多的用户以中老年人居多。如果看30岁以下的用户,拼多多无法与其他电商比拼;如果看30~39岁之间的用户,拼多多可以和其他电商旗鼓相当;在40~50岁的用户群里,拼多多就占了上风;在50岁以上的用户群里,拼多多具有绝对的优势。这些用户过去从未接触过电商,他们往往收入水平较低,不在乎时间,不在乎品牌,只在乎价格。

黄峥说:住在北京五环以内的人不懂得拼多多。拼多多找到了一个被忽视的边缘化群体，并投其所好。

到此为止，拼多多的故事跟前文所述是完全一致的。它的成功再次印证了一个真理：如果技术的性格和市场的性格能够匹配，就一定会有巨大的商业成功机会。

但这并不是故事的全部。

稻田里最令人头疼的杂草是稗草。稗草的生命力顽强，它的种子可以在土壤里存活几十年，只要满足萌发条件，就能破土而出。稗草在水田和旱田里都能生长，适应性强，竞争性更强。稗草种类繁多，全球禾本科稗属有50余种，在中国发现的稗草有8个种和6个变种。稗草会和水稻争夺养分和生存空间，在生长过程中，稗草能够分泌一种叫"丁布"的次生代谢产物，抑制水稻的生长。如果单打独斗，水稻是斗不过稗草的。

狡猾的稗草躲在稻苗的中间。如果单从外表来看，稗草和水稻长得很像，尤其是在它们刚刚发芽的时候，几乎难辨真伪。等稗草长大，会更容易看出它和水稻的区别，比如，秧苗在分叶的地方有毛，而稗草是没有的。稗草的叶子尖更长一些，长大之后叶子会分开，但到了这个时候，即使能够甄别出稗草，它们也已经扎根很深，难以清除。

那么，有没有区分水稻和稗草的办法呢？

农业科学家发现，传统的办法即靠肉眼甄别稗草和水稻的形状差异效果不佳。能够有效区分水稻和稗草的办法是引入一种新的维度：生长速度。如今，测绘技术已经能够搜集稻田里每一株作物每天的生长速度。假如把时间数据整理出来，对比一下，我们就能清楚地看到，<u>在生长初期，成长速度更快的一定是稗草而不是水稻</u>。

中国的商业环境竞争极为残酷，在中国的市场上，只有迭代速度最快的企业才能生存下来。这使得中国的企业家相信甚至迷信一个理念：天下武功，唯快不破。谁跑马圈地的速度最快，谁就能站稳脚跟，并把竞争对手挤掉。2018年，我们已经看到，这种套路不一定好用了。假如只是追求投资者的回报，那么这样的套路仍然可以炮制出像拼多多一样的奇迹，但如果我们看生态系统的可持续性，这种<u>过分追求成长速度的商业模式已经成为中国市场上最大的恶性杂草</u>。

拼多多并不是战胜了巨人歌利亚的大卫，它只是一个跟在联合收割机后面的拾麦穗者。拼多多无法为它的目标客户赋能，相反，它更擅长的是"吸星大法"，它的诀窍是"吸能"。中低收入的消费者能够持之以恒地购买商品吗？消费是收入的函数，如果这个群体的收入没有持续性地增长，靠敲骨吸髓式地榨取他们钱包里的钱，只能是涸泽而渔。为这些中低收入者提供服务的厂商又是谁呢？假如拼多多肯自己播种，它应该扶植更多的供货商，跳过烦琐的中间环节，直接为中低收入者提供质量可靠、价格便宜、没有品牌的同质化产品，但是，遗憾的是，拼多多并不自己播种。拼多多依靠的依然是生产山寨产品的制造商。根据天风零售的一份报告，拼多多家电销售排名前 100 的商品中，涉嫌假冒品牌的产品共有 39 个，在总销售额中占比为 57.82%，在销售量中占比为 63.37%。同样的现象也出现在母婴、食品饮料、服装等各类产品中[4]。

拼多多的未来会是什么样呢？一种可能是，不出 5 年，拼多多就会像泡沫一样破灭。理由很简单：在正常的条件下，没有一家企业可以持续地靠卖假货红火。另一种可能是，拼多多会重新编辑自己的基因，回归到拼好货的初衷，走一条更艰难但也更踏实的道路：自己耕耘，自己收获。

稗草的生长速度比水稻更快，癌细胞的生长速度比正常细胞更快，速度为王的时代即将谢幕。一个企业的增长速度最快，并不意味着它最具成长性，相反，这可能意味着它是商业世界里的杂草。

群众路线

2018 年，中国进行了一场关于技术发展路径的大讨论。事情的起因是 2018 年 4 月 16 日美国商务部宣布对中国一家国有企业中兴通讯实施制裁，禁止美国公司在 7 年内向中兴通讯销售零部件、商品、软件和技术。事态最紧张的时候，中兴通讯卫生间用的美标小便池都无法更换。中兴通讯是中国最大的手机制造商之一，在全球的排名也在前10，这么大一家企业，居然在美国的威胁下毫无还手之力。这突然提醒了中国人，原来中国在核心技术（如芯片）方面还非常落后。中国制造严重依赖国外技术，这该如何是好？

我们不妨把时钟拨回20世纪初。20世纪初，汽车行业登上了历史舞台。汽车最早是由欧洲人（主要是德国人）发明的，但汽车是在美国兴起的。美国最重要的汽车制造企业是福特。假如你是亨利·福特，你应该如何选择技术发展路径？

一种策略是争取自力更生，把所有的核心技术都掌握在自己的手里。那么，什么是核心技术呢？如果说发动机是核心技术，那么炼钢算不算核心技术呢？勘查铁矿又算不算核心技术呢？如果你想把所有的核心技术都掌握在自己手里，最后的结果就是垂直一体化或者纵向一体化，也就是说，从原材料到最终产品，从研发到市场营销，全都要自己做。底特律美术馆中庭展示的墨西哥著名艺术家迭戈·里维拉的巨幅壁画《底特律的工业》，描述的就是福特汽车公司当年从矿山开采到汽车出厂的过程。

在当时的条件下，没有互联网，没有全球分工，采用垂直一体化的生产方式或许自有其道理，但是我们不能误读历史的经验。事实上，促使福特汽车真正崛起、促使美国成为"车轮上国家"的革命性创新并不是发动机这样的核心技术，而是流水线这样的应用技术。[5]

汽车的引爆点就是流水线。工业流水线大约诞生于 1913 年，很快就风靡全球，成为工业化大规模生产的代名词。工业流水线最早出现于美国的汽车行业，是因为汽车生产需要大量的零部件。亨利·福特生产的第一批 T 型车就有大约 1 000 个零部件。随着大量的订单如雪片般飞来，福特汽车急需找到一种更有效的生产方式。一开始是人跟着车走，技术娴熟的装配工人把工具和零部件放在固定的位置，按照生产流程，到了固定的工序就把放在那个位置上的零部件迅速装配起来。后来，工人们发现，与其让人跟着汽车零部件走，不如把人固定下来，让汽车零部件移动。于是，工人们把汽车底盘放在一个装有万向轮的木质平台上，然后在不同的工作区内滚动。这种做法效果很好，很快就被管理者发现了。于是，福特汽车的管理者把流水线上的所有工序细分为时间均等的若干工作，他们还给每个机械检修工装备了自行车。

如果我们再往深层次看，就会发现，流水线之所以在美国兴起，是因为美国特有的市场性格和流水线这一技术的性格恰好匹配。换一个角度来说，在当时，流水线只会出现在美国，不会出现在比美国技术水平更为先进的欧洲。

为什么美国能够出现流水线呢？这与美国的市场性格有关。美国人爱吃快餐，不太追求美食。整个美国只有一两种口味的啤酒，只有几家连锁超市。美国人宁肯牺牲对品质的要求也要追求速度。美国在空间上呈现出标准化布局。美国很早就习惯了把辽阔的土地划分成网格，然后用公路、铁路和运河把各个网格连接起来。美国迅速拥有了一个非常大的国内市场，而且国内的人口流动非常方便，汽车在美国是必需品。贫困的农民哪怕没有钱买新衣服也要先买一辆车。正是由于美国人更强调效率，有大面积的国土，已经习惯了标准化产品，甚至习惯了标准化的生活方式，所以美国人对廉价汽车有大量需求。大量的订单推动福特汽车大规模采用流水线式的生产方式。

欧洲为什么做不到这些呢？欧洲的地形复杂，有山有水，没有大块的平原，相对于美国的汽车市场来说，欧洲的消费者面临的是更狭窄崎岖的道路，城市与城市之间的距离更短，公共交通系统更发达，所以，并不是每个欧洲家庭都想买车。欧洲国家的社会等级更为分明，买车的都是富裕阶层，所以他们没有兴趣买便宜的车，这就决定了欧洲的汽车企业订单较少。相比美国的规模化和标准化，欧洲更强调个性化和精细化，所以，像流水线这样的生产方式是只能在美国兴起，不可能出现在欧洲的。

总结一下：促使美国成为工业大国的革命性技术创新并不是发动机这样的核心技术，而是流水线这一应用技术；美国之所以出现流水线，是因为这种技术的性格恰好与美国的市场性格匹配。

那么，我们能够从工业革命时期的这段历史得到什么启示呢？我们会发现：能够最大限度地推动中国经济崛起的并不是核心技术，而是应用技术；中国在选择应用技术的时候，应该寻找与自己的市场性格最为匹配的技术。

在新疆调研的一天晚上，我和极飞的朋友一起去吃烤串、喝乌苏啤酒。我无意中提起"三个代表"，贾斯廷聚精会神地听着，突然掏出一个小本子记下来。就在酒酣耳热之间，我想明白了一个道理：在工业革命时期，美国的成功经验是找到了流水线；在信息化时代，中国经济要想最终胜出，要靠"群众路线"。

如果说流水线是用效率更高的方式把福特汽车的零部件组装起来，那么"群众路线"要做的就是尽可能地发动群众、组织群众，把更多的合作伙伴用效率更高的方式组织起来。

中国革命的历史经验告诉我们：凡是当我们发扬了"群众路线"精神的时候，总是战无不胜的；凡是当我们忘记了"群众路线"的时候，总是会遇到各种挫折。中国经济的发展也将遵循同样的历史规律。

传统的商业理论认为，一家企业必须关注自己的护城河，只有河深墙高，才能抵御外敌入侵。这样的思路已经完全过时。假如你的敌人并非来自地面，而是来自天上，比如，来自无人机作战编队，你又该如何防守呢？

最好的防守不是防守，也不是进攻，而是改变作战规则。假如你不再把所有的士兵都聚集在城墙的后面，而是将他们化整为零，伪装成平民，深入敌后，发动群众，那又会怎么样呢？

为什么"群众路线"才是最适合中国的技术演进路径呢？我

们还要先回顾一下中国技术创新的历程。

曾鸣教授在《龙行天下》一书中写道:"在中国这样的市场上,消费者最关注的就是价格,产品的性能和质量并非是竞争胜出的最重要因素。这是跨国公司完全不熟悉的市场,它们无法习惯在这样的氛围内生存,中国企业却如鱼得水……残酷的价格战迫使中国企业把有限的资源优势发挥到极致,把成本做到了别人想象不到的程度。"

曾鸣和威廉姆斯把中国企业的创新称为"穷人的创新"。

他们总结出三种"穷人的创新"。

一是整合创新,即通过整合现有的技术,在设计上更贴近用户需求,先从一点实现突破,再用模块化的方式做大规模定制,把原本细分的市场连接起来,一网打尽。比如海尔进军美国市场的时候,先从别人都不做的酒柜入手,把一个原本是高端用户才问津的小小的细分市场拓展成了大众都可以尝试的大市场。

二是流程创新,即通过把廉价劳动力和流水线整合起来,用灵活、低成本的"半自动化"战胜全自动化。比如,同样是生产锂电池,日本企业的一条生产线雇用200名工人,花费1亿美元投资,比亚迪则雇用了2 000名工人,只花费5 000万元进行设备投资。

三是颠覆性创新,即所谓的"蛙跳优势"或"后发优势"。比如当2G(第二代移动通信技术)升级为3G(第三代移动通信技术)

的时候，西门子、爱立信等跨国公司首先考虑的是如何更好地利用自己已有的产品，而华为在2G市场上本来就没有市场份额，所以才能轻装上阵，在全球第一个实现了软交换的3G项目。[6]

那以后我们还会继续做"穷人的创新"吗？我想是会的。创新也有惯性，我们的企业很可能会把自己最擅长的事情做到极致，但是也要看到，单靠降低成本的"穷人的创新"引领中国的未来发展是远远不够的。那么，未来中国的创新会出现在哪里呢？

中国至少有两个独特的优势。

第一个优势可以称为"工程师红利"。是的，中国的非熟练劳动力的工资已经越来越高，很多劳动力密集型企业纷纷搬到越南、孟加拉国等劳动力更便宜的地方去了，但我们还有大量廉价、优质的工程师。1997—1998年，中国遭遇了东亚金融危机，为了应对经济危机带来的就业压力，中国开始了大学扩招。尽管这场大学扩招被一部分学者认为稍显混乱，萝卜快了不洗泥，大学教育的质量并没有跟上，但好处在于，从数量上看，中国培养了大批理工科人才，而且是被严重低估的理工科人才。

20世纪80年代一度有"搞原子弹的不如卖茶叶蛋的"之类的言论，脑力劳动者和体力劳动者的收入倒挂。20年后，博士的工资又比不上保姆的工资了。与美国和其他国家不一样，在中国的技能和教育的竞赛中，教育难能可贵地跑赢了技能，这是中国独有的"工程师红利"。

第二个优势是中国具有巨大的"市场红利"。有很多先进的技术,最终只能落地到中国,因为只有中国才有足够大的市场,只有中国才能够让这些新技术商业化。高铁就是一个很好的例子。1964年开通的日本新干线系统是世界上最早进行旅客运输的高铁系统,法国与德国等国家也早就研发了自己国家的高铁技术,但由于最大的市场在中国,高铁技术只能来到中国。最后,中国的高铁技术也就能很快实现赶超。现在,我们不仅自己修了最多的高铁,而且还想到发达国家帮人家修高铁。这是一个非常成功的范例。按照相同的逻辑,你可以猜一猜有哪些技术最后一定会到中国来。我们闭上眼睛都能猜到,未来治理空气雾霾的最先进技术一定在中国,老年产品的生产也一定会聚集在中国。这个世界上没有一个国家像中国这样以如此快的速度进入一个规模如此庞大的老龄化社会,如果没有技术创新,我们这一代人的养老问题该怎么解决?我个人的猜想是,我们这一代人很可能是第一批养老机器人的试用者。

很多中国企业已经找到了利用"工程师红利"和"市场红利"的最佳技术创新路径。利用"工程师红利"的最佳方式是"劳动力密集型的研究与开发"。由于中国的研发人员更多,所以中国的技术研发能更快地"试错",更快地"迭代",更快地进化。很多技术创新并不是靠天才人物灵光一现想出来的,而是无数技术人员在日常工作中逐渐摸索出来的。利用"市场红利"的最佳方式是"市场引致型的研究与开发"。恩格斯说："社会一旦有技术上的需要，这种需要就会比10所大学更能把科学推向前进。"[7]考虑到中国的社会需求更为强大，而大学还有很大的进步空间，我们可以把恩格斯的这句话再改一下：中国的社会需要对技术进步的推动作用要超过100所大学。

"群众路线"是一种整合了"工程师红利"和"市场红利"，专注于应用技术的快速应用，再从应用技术反作用于核心技术，用强大的市场力量诱使核心技术与自己一起演进的战略。这种战略更强调应用技术，而非核心技术，因此，人们可能会质疑：这样的战略能成功吗？

我们可以把技术的演进想象成盖楼。基础技术就是打在地下的桩子，应用技术就是地面上一层层盖起来的楼房。与盖楼不一样的是，在技术的演进过程中，应用技术会影响到核心技术的变化。随着市场需求的变化，应用技术也会发生变化。应用技术变化了，核心技术也要随之更新。我们盖起来的是一座具有魔幻色彩的大楼：它会不断变动、反复调整、逆向生长、四处扩张。这座大楼的结构一定与我们熟知的火柴盒式的楼房不一样，等它盖好了，我们会大吃一惊。

2004年秋，中央电视台的新楼在北京东三环开工。等到这栋楼盖完了，人们才发现，这是一种我们从未见过的建筑结构。中央电视台总部大楼的两座塔楼双向内倾斜6°，在163米以上的高度由L形悬臂连接起来。这个巨型的悬臂看起来像一座桥，只是世界上从未有过这样的桥：这座桥的上面有整整11层楼，还有75米的悬臂，没有任何支撑。

就像埃菲尔铁塔刚刚出现在巴黎一样，很多人对横空出世的中央电视台大楼很不喜欢。它太招摇、太新奇了。在人们慢慢习惯了之后，才会发现，这恰恰是只能在当时的中国才会出现的创新。

新技术革命的地基已经打好，地面的楼层刚刚冒芽。新技术革命的大楼到底长什么样子，无人知晓。等它盖好了，我们可能会大吃一惊。

"工程师红利"和"市场红利"

中国已经不再具备廉价劳动力优势,但仍然拥有大量的工程师资源,适于开展"劳动力密集型的研究与开发";中国同时具有巨大的国内市场,适于开展"市场引致型的研究与开发"。

看点 02

混搭

除了极少数石破天惊的突破性技术外,大部分技术都是一种"混搭",也就是说,它们把已经存在的技术用一种别人未曾想到的方式重新搭建起来。

赋能

在无人地带,新技术能够为更多的普通人赋能,并进一步的生态系统。

寻找边缘

在少有人注意的边缘地带、交叉地带往往更容易找到新技术的应用场景。

"群众路线"

"群众路线"是一种整合了"工程师红利"专注于应用技术的快速应用,再从应用技术反哺于核心技术与自己一起演进的战略

"工程师红利"和"市场红利"

中国已经不再具备廉价劳动力优势,
但仍然拥有大量的工程师资源,
适于开展"劳动力密集型的研究与开发";
中国同时具有巨大的国内市场,
适于开展"市场引致型的研究与开发"。

整合了"工程师红利"和"市场红利",专注于应用技术的快速应用,于核心技术,用强大的市场力量诱使演进的战略

寻找边缘
在少有人注意的边缘地带、交叉地带往往更容易找到新技术的应用场景。

"群众路线"

"群众路线"是一种整合了"工程师红利"和"市场红利"，专注于应用技术的快速应用，再从应用技术反作用于核心技术，用强大的市场力量诱使核心技术与自己一起演进的战略。

匹配

每一种技术都有自己的性格，每一个市场也都有自己的性格。只有当技术和市场投缘时，才能擦出火花。

赋能

在无人地带，新技术能够充分发挥自己的先行优势，掌握更多的信息，为更多的普通人赋能，并进一步创造出新的需求，直至重建一个更生机勃勃的生态系统。

注　释

1. Maureen Dowd, Elon Musk's Billion-Dollar Crusade To Stop the A.I. Apocalypse[J]. Vanity Fair, 2017（4）.
2. 李立，曹晟源，陈雷. 大疆无人机：全球科技先锋的发展逻辑[M]. 北京：中国友谊出版公司，2017.
3. 布莱恩·阿瑟. 技术的本质：技术是什么，它是如何进化的[M]. 曹东溟，王健，译. 杭州：浙江人民出版社，2018.
4. 天风零售：分析了100个家电SKU，拼多多真的是假货天地吗？[EB/OL].（2018-07-30）. http://industry.caijing.com.cn/20180730/4493106.shtml.
5. 大卫·E. 奈. 百年流水线：一部工业技术进步史[M]. 史雷，译. 北京：机械工业出版社，2017.
6. 曾鸣，彼得·J. 威廉姆斯. 龙行天下：中国制造未来十年新格局[M]. 北京：机械工业出版社，2008.
7. 马克思恩格斯全集：第四卷[M]. 北京：人民出版社，1972.

第三章
老兵不死

2018年,谁是新兴产业,谁是传统产业?哪个更胜一筹?在过去几年,互联网大军就好像当年来自中亚大草原的游牧民族,兵强马壮、来去如风。在互联网大军的攻势下,传统产业的护城河形同虚设。到了2018年,这股"唯快不破",精于"降维打击"的大军,却在一座城堡前久攻不下。这就是工业化的代表——已经有上百年历史的汽车行业。2018年,我发现的第三个变量是:老兵不死。我要带你到传统制造业的腹地,看看他们如何抵御互联网行业的迅猛攻势。在这里,你会看到,传统产业的老兵早已经悄悄穿上了新的军装,而新兴的产业正在积极地向传统产业学习。新兴产业和传统产业的边界,也许并没有你想象的那般泾渭分明。

跟汽车说话的人

　　烧烤店坐落在一条小街上，距离长春市那家在共和国历史上最具分量的汽车制造厂总部不远。街道两边都是居民楼，一家烧烤店连着一家烧烤店。路边停满了汽车，各种牌子都有，但没有一辆是红旗轿车。晚上7点，烧烤店已经热闹了起来，啤酒和烤肉的味道在空气中弥漫着。男人们光着膀子抽烟喝酒，大声说笑。女人们也一样，热闹、彪悍，二人转式的幽默不绝于耳，满是对外界不以为然的嘲讽和自信。东北经济陷落的现实没有在他们身上留下太多痕迹。他们豪爽地开着玩笑：东北还是东北，只不过，东北的重工业改成了烧烤，轻工业改成了直播。

　　W今年36岁，已经是一位资深的汽车工程师。他个子不高，下班后直接来到烧烤店，仍穿着工作服：白色短袖衬衣，胸前绣着汽车厂的标志。

　　因为要接受我们的访谈，他比平时早下班了三四个小时。他说平时10点多下班都是早的，最近工作特别忙，特别紧张。

　　我半开玩笑地问他："在国企上班不都很轻松吗，怎么会这么忙？搞得跟创业公司似的。"

　　他霎时间变了脸色，直直地看着我，也不落座，用很响的声音说："这就是你对我们的偏见。我今天要跟你说很多东西，要跟你很严肃地说这些东西，我是很认真的，这是我这么多年的总结和反思。这些东西对你而言，将是颠覆性的。"

W是重度造车痴迷者、"共和国汽车长子"的精神信仰者。他的爷爷、父亲都是司机,他说自己几乎就是在汽车里长大的,"我开车就是在和车对话。"有一次,单位给他打电话,说是台架上的发动机坏了,检查了好几遍都没检查出什么毛病,就是打不着火。他来到试验室,拍着那台发动机,就像对着自己的孩子一样,说:"怎么了?哪里不舒服啊?是不是又闹情绪了?好啦,好啦,别闹了!"发动机居然就真的动起来了。

整个晚上,W一根烤串都没碰,也不喝酒。他只是不停地说,不停地纠正外界的偏见和误解。

在W看来,太阳底下无新鲜事,现在这股电动汽车概念的热潮都是炒作出来的,新能源汽车只是汽车行业发展到现在必然要走的一步而已,况且这种所谓的新能源汽车并不新,很多技术都能追溯到19世纪。他对特斯拉非常不屑,认为马斯克做电动汽车完全是外行人做内行的事。他对新兴汽车企业的评价是:一帮人拿着PPT(演示文稿)到处忽悠,什么智能驾驶、车联网,全是包装出来的。在他看来,这些全新包装的概念仅仅是为了追逐短期利益,一些新能源汽车在测试的时候没那么专业,产品、器件没有经过像传统汽车那样足够多的测试。

电动汽车的通病是不能满足极端条件下的使用需求。他举了一个例子:"如果你在东北买一辆电动汽车,可能一年中会有半年的时间开不了。你问为什么?这就跟苹果手机在低温时会突然自动关机是一样的,气温太低电池就没法儿用啊。东北从每年10月份到来年4月份都是天寒地冻,最低气温在零下30摄氏度以下。在东北这样的地方,电动汽车在冬天几乎是没办法开的。"

新兴汽车企业为了满足汽车的某些性能,制造的产品有一定偏颇,无法达到完美的平衡。比如,马斯克在造特斯拉的时候,为了提升汽车的最高时速,用了太大功率的电动机,导致产品冗余性太高。

"他有孩子吗?他能容忍自己的孩子有先天不足吗?对这种事我完全不能忍受。"W皱着眉头说。

W坚信,如果没有传统造车技术和流程控制的积累,绝不可能造出合格的电动汽车。汽车行业凝聚了一批精英,它可能是除军工系统之外最为强大的工业系统。汽车是集成度最高的民用产品,内部构造非常复杂,大量的器件必须紧密、精准地联动,互相配合,任何一个小的器件出现问题都会"牵一发而动全身"。正是由于这种复杂性,对于汽车行业来说,真正的核心技术和价值在于整个制造流程和制造体系。W说,他印象最深刻的是丰田产品的研发原则:当技术和流程有冲突的时候,宁可舍弃技术,也要保住流程。

这也是为什么,他在吉利汽车已经做出了一款电动汽车以后,还是愿意回到长春,回到这个他心中的荣耀之地,回归最基础、最关键的制造流程。在W的执念中,似乎只有在这样的地方,才能熟悉整个汽车制造的流程体系。

造车是W的使命，也是他的梦想。"造出一辆牛气的汽车，尤其是一辆油电混动汽车，是我赌上自己的命运也要做的事。"

访谈结束后，他执意要送我们回酒店，用他平时上下班总开的那辆他们企业自主研发但并未推向市场的油电混动汽车。

路上，他问我："乘坐感觉怎么样？"

我认真感受："真的和我坐过的新能源汽车没什么区别，很舒服，几乎听不到声音。"

他开心了，说："是吧？这是三四年前下线的。我们的车可以吧？"然后开始给我讲这台车的动力原理、性能指标等。

我问："为什么三四年前不推向市场呢？"

他叹了口气，拍了下方向盘，说："这就是无奈的地方啊！"

完美曲线

在一个所有人都赞美创新的年代，让我们先向传统致敬。

创新没有止境，但传统定义了创新的底线。

如果你要卖车，你会向用户介绍自己的车最出彩的地方，比如功率有多大、百公里油耗有多省；如果你卖的是电动车，你会介绍电池续航里程；买车的人一般会问车里的空间大不大、安全不安全，年轻人则会特别注意驾驶座旁边的面板，看看有没有炫酷的显示屏。

汽车工程师眼里的汽车又是什么样呢？

他们会执着地关注汽车的三个动力性能衡量指标：直线最高车速、百公里加速时间、最大爬坡度。汽车的最大功率决定最高车速，扭矩决定加速时间，扭矩就是轮胎能作用到地面上的转动力量的大小；牵引力决定最大爬坡度，而牵引力与发动机的扭矩和传动比有关系。

这三个指标衡量的是一辆车的动力性能，动力性能是汽车的核心。但是，这三个指标之间有时是相互矛盾的。比如，加速时间短，传动比做得大，最高车速就不容易上去。这是由发动机和传动原理决定的。万物皆如此。你不可能在一艘军舰上装最大的炮台、最厚的装甲，同时还要求它航行速度最快。你也不可能让一个运动员以百米冲刺的速度跑马拉松，同时还要跨栏。

汽车工程师看到这些指标时，头脑中能够想到的就是一条条曲线。这些曲线都很像抛物线，先升后降。这些曲线时刻提醒着工程师：刚则易折，过犹不及。工程师们寻找的是这些曲线相交的地方，那就是平衡点。上百年的汽车行业就是在不断地摸索和寻求这个完美的平衡点，其间积累的大量经验至今依然值得重视。

找到平衡点固然很重要，但这远不是汽车工程师面临的所有难题。虽然动力性能最关键，但它只能代表一辆车的一部分。拥有一颗好心脏的人不一定就是好的百米赛跑运动员。一名好的百米赛跑运动员同时还需要整个身体机能的高效反应。反映到一辆汽车上，就是需要好的车身、底盘与电气系统。百米赛跑运动员的最终传动工具是两只脚，反映在一辆汽车上就是4个轮子。所以，与汽车的动力性能密切相关的除了发动机的扭矩和马力、传动系统的效率之外，还有整车重量、轮胎的抓地性等因素。

即使考虑到了所有的这些因素，也还是不够。对于汽车工程师来说，一个产品项目最重要的衡量指标有三个：质量、成本、周期。

质量主要是指用户体验到的汽车质量，包括汽车的感知质量、性能指标、使用可靠性，以及安全性等。

成本要考虑以下两方面。一是企业成本，工程师研发的产品必须保证企业盈利最大化，目标用户群体能够接受。不计成本地设计出一款性能出众的车很容易，但设计出年产40万辆以上的车才是综合实力的体现。二是用户的使用成本，要保证最终落实到每一公里和每一天的用户使用成本相对较低，在整辆车的生命全周期内实现性价比最优化。

周期主要是指一辆车从方案论证到投放的生产周期。周期不能太长，太长就不能及时满足市场需求，但也不能太短。春季测试、秋季测试、疲劳测试、安全测试……总是要接受一遍一遍检验的。一辆车从设计、开发、生产、测试到最终上市，每一个环节都需要考虑时间周期，如果前一个环节影响了下一个环节的周期，就会对企业的经营造成难以预估的影响。

世界上没有完美的汽车，只有矛盾的组合：马力大了不经济，经济了又可能不舒适。所以，一辆卖得好的车，就是一台多重矛盾被工程师完美平衡的机器。

这就是工业的传统。传统教我们的是如何平衡、妥协和取舍，并保持谦卑与敬畏。

新造车运动

如果新造车运动的先锋们多一些对工业传统的敬畏，或许他们就不会陷入困境。

这场新造车运动从2014年特斯拉进入中国开始，随着工信部向民间资本放开电动车生产资质而升温，至2017年已经沸腾，到了2018年则光环褪去，苦苦支撑。

2017年年底是新造车运动最为喧嚣的时候，几乎每天都有造车新军的消息。这些新车有的来自互联网企业，有的来自风险投资领域；因生产电池而造电动车者有之，因生产监控摄像头而进入者有之。格力电器的董明珠不顾股东的劝阻，一意孤行要造车，曾经和董明珠立下"10亿赌约"的互联网新一代掌门人雷军也要造车。

2017年新造车运动的旗手是乐视控股集团创始人贾跃亭。在2017年年初的CES（国际消费类电子产品展览会）上，贾跃亭用蹩脚的英文向外界展示了他旗下企业"法拉第未来"的第一款准量产车型FF91。他宣布，要打造零排放的电动汽车以及一套完整的汽车互联网生态系统，从产品到整体模式都将颠覆传统汽车行业。话音刚落，贾跃亭的商业帝国出现资金链断裂危机。2017年7月6日，贾跃亭宣布辞去乐视网董事长职位，并在辞职公告发出前两天，就已经搭上了前往美国的飞机，留下了乐视的烂摊子。虽然频繁被监管部门点名要求回国履责，但他至今仍未回国。

在贾跃亭倒下的地方，李斌站了起来。李斌是蔚来汽车的创始人。他选择为自己的电动汽车ES8开发布会的地方，就是当年贾跃亭发布LeSEE品牌首款概念车的五棵松体育馆。这场发布会烧了蔚来汽车8 000万元人民币。这既是一场令人目眩神迷的表演，又是一场让人望穿秋水的等待。据说，让李斌下决心造电动汽车的是北京的雾霾。很多人觉得，这场雾霾在短期内很难散去。到了2018年，由于空气好转，空气净化器的销量已经出现断崖式下跌，可是，号称要快速量产的电动汽车却姗姗来迟。第一个宣布推出量产车的居然是仍在美国的贾跃亭曾经展示过的FF91。直到2018年6月28日，距离蔚来汽车在美国上市只剩下两个半月时间，ES8的首批外部用车才终于交付。

风头最劲的电动车除了蔚来汽车的ES8，还有奇点汽车的奇点iS6预览版、小鹏汽车1.0版（IDENTYX）、威马EX5、车和家已经夭折的SEV和即将推出的一款对标特斯拉Model X的SUV（运动型实用汽车）。此外，参与新造车运动的还有：国能新能源、云度新能源、重庆金康新能源、游侠汽车、电咖汽车、正道汽车、裕路汽车、前途汽车、斯威汽车、汉能汽车、敏安汽车、国金汽车、爱驰亿维、拜腾、零跑科技、知豆、河南速达、浙江合众、陆地方舟等。

参与这场新造车运动的弄潮儿大多有一个共同的背景：他们很多都来自互联网行业。蔚来汽车创始人李斌、小鹏汽车创始人何小鹏与奇点汽车创始人沈海寅均为互联网行业从业者，他们背后有强大的互联网人站台，阿里巴巴、腾讯、百度的身影显现其中。

这股互联网大军就好像当年来自中亚大草原的游牧民族，兵强马壮、来去如风，让人闻风丧胆。他们在谈笑之间战胜了传统的批发零售行业，不动声色地击破了垄断的出租车行业，长驱直入杀进水草丰美的金融行业，返程的时候顺手灭掉了已经没落的新闻出版行业。在互联网大军的攻势下，传统行业的护城河形同虚设。互联网大军擅长"唯快不破"，精于"降维打击"，但为什么攻不下汽车行业的城堡呢？

互联网行业的利器，一是数据，二是技术，三是资本。在互联网行业深入传统行业的腹地之后，就会逐渐意识到，它们的这些武器是有局限性的。

<u>互联网行业善于应用大数据，但传统产业的优势是小数据</u>。大数据是关于我们每个人日常生活的数据，比如我们的人脸特

征、购物清单、移动轨迹、健康数据等。互联网公司能够利用这些大数据精准地给消费者画像,提供定制化服务,甚至针对每个消费者实施不同的定价,让你把口袋里的最后一分钱都心甘情愿、不知不觉地交出来。[1]比如,我每一次用滴滴打车软件叫车,同样的路程、同样的时间,车费总是比家人和同事的贵一些。滴滴打车的大数据对我的精准画像是:这是一个对价格极其不敏感的傻帽儿。

小数据是跟某个具体客户的深度体验、某个具体生产环节中的微妙变化有关的数据。这些数据更不容易拿到,大多数仍停留在消费者的心里和生产车间的流水线上,少数能够为制造商所掌握。小数据的领域就不是互联网企业的作战主场了。骑兵擅长平地作战,但拙于山地游击,更难在巷战中占到便宜。小数据正是传统产业的主场。

还是回到造车这件事情上来吧。互联网企业掌握的大数据是地图数据,这对汽车的自动驾驶、智能驾驶技术的发展都很有帮助。制造业企业积累的数据库则是在安全性能、制造工艺、制造流程等方面。容易被新兴汽车企业忽视的一件事情是:这种数据库积累下来的优势是不可能被迅速赶超的。新兴汽车行业当然可以把传统汽车行业里最好的工程师挖过来,但这些人能带走的只是他们自己积累的经验,而这些经验不过是汪洋中的一滴水。

腾势汽车是中国最早一批出现的新能源汽车品牌之一,成立于 2010 年。腾势是由比亚迪和德国戴姆勒联手成立的汽车品牌。腾势的 CEO 严琛告诉我,腾势汽车在制造过程中,遇到诸如车体设计这样的核心设计,会找德国的设计师来做,不是因为德国的设计师个人水平高,而是只有他们才有戴姆勒的数据库使用权限。戴姆勒的数据库是数十年经验的积累,这些经验是从无数次失败中摸索出来的。严琛去过宝马的工厂,发现他们几乎每天都在进行各种撞击实验,从各个方向撞击,形成的数据都会录入数据库。

<u>互联网行业精通面向消费者的技术,但疏于生产流程、生产工艺的技术</u>。李斌认为,蔚来汽车和特斯拉的不同之处在于,蔚来汽车追求的是"技术变革带来的情感体验的提升"。他说:"这很难说清楚,像喝酒一样,感觉对了。"但是,这真的跟喝酒不一样。汽车的复杂程度远远超出这些"入侵者"的想象。强悍如苹果公司,最终也只能忍痛砍掉 AppleCar 计划。不得已,很多新能源汽车企业只能和传统的汽车企业合作,让传统汽车企业为它们代工。蔚来汽车和江淮汽车合作,小鹏汽车和海马汽车合作,都是这个思路。可是,你不可能把孩子永远放在别人家寄养。同样,你也不可能永远让别人代工。问题在于,互联网企业一旦开始自建工厂,就会从轻资产模式转变为重资产模式,优势会变成劣势。游牧民族转行种地,能比农民种得好吗?

互联网企业吸金的能力令人惊叹。蔚来汽车和威马汽车的融

资规模已经超过百亿元，奇点汽车也自称累计融资金额达 170 亿元。车和家累计融资超过 55 亿元，小鹏汽车融资超过 50 亿元，爱驰汽车融资超过 70 亿元，游侠汽车融资达 62.2 亿元。来自阿里巴巴、腾讯和百度的投资还在源源不断地赶来。但是，就像蔚来汽车创始人李斌所说，知道汽车行业烧钱，但没想到这么烧钱。新造车运动主要依靠市场融资，希望凭借充足的弹药迅速撕开传统汽车企业的防守线，但成熟的传统汽车企业都有着极其严格的成本控制手段，新兴汽车企业很难在成本战中取胜。

这种靠资本堆出来的商业模式存在巨大的风险。一旦市场并不认可不成熟的早期产品，销路打不开，则经销商断网，供应商断货，这些问题反过来会影响融资，对于新公司而言是致命的。资本是一种易燃物质，点着很容易，控制火势很难。一旦失控，熊熊烈火就会反扑。无数先例告诉我们，<u>想单靠资本占领市场，无异于火中取栗</u>。有很多事情，真的不是钱多就能办成的。

一辆新车，从筹备到最终投放市场，原来是需要 7~8 年，后来变成 5~6 年，现在变成只需要 2~3 年，快的话 18 个月就可以搞定。这是电动汽车带给传统汽车的巨大冲击。造车的周期大大缩短了，可是有很多问题会被掩盖。这是一场巨大的赌博。是赢是输，很快就会水落石出。不出三年，90% 的造车新势力会出局。留下来的也会经历从头到脚的改造。

2018 年，兵临城下。城上的守军和城下的进攻者都在反思。

为什么进攻者会如此快？为什么守城的部队如此顽强？为什么别人的机制这么灵活？为什么人家的系统如此严密？汽车行业是工业化的代表，是传统产业最坚固的阵地，新兴产业和传统产业之间的攻守之势，可能就要在这座城下逆转。

我们再来总结一下。国际政治理论中有一个"进攻型武器和防守型武器假说"：有些武器是进攻型武器，比如长矛、骑兵和大炮；有些武器是防守型武器，比如盾牌、城堡和战壕。有的时候，进攻型武器会占上风，这时战争就会更加频繁，旧秩序很容易被摧毁；有的时候，防守型武器会占上风，这时入侵者就很难得手。我把这种思路称为"矛和盾的军备竞赛"：当世界上最锋利的矛能戳破世界上最坚硬的盾时，胜利是属于进攻者的；当世界上最坚硬的盾能够抵挡住世界上最锋利的矛时，胜利是属于防守者的。在判断大势的时候，你必须知道自己擅长的是进攻型武器，还是防守型武器，你还要知道如今占上风的是进攻型武器，还是防守型武器。[2] 时移势易，对大势的准确判断是做出正确决策的前提条件。借用这个理论，我们就能明白，互联网行业是进攻型的，传统制造业以及传统的服务业是防守型的。过去几年，进攻型的互联网行业占尽上风；而如今，攻守之势异也，传统产业的抵抗力更加顽强。

2018年，我们突然发现，新兴产业的战斗力可能被我们高估了，而传统产业可能被我们低估了。老兵不死，他们只是穿上了新的军装，改变了作战方式，他们正在悄悄地积蓄力量，很可能会从人们没有注意到的地方绝地反击。

这些老兵，到底埋伏在什么地方呢？

海尔的老兵

张天鹏哈哈大笑："我就是你们要找的老兵啊。"他又挠挠头，说："我也是个新兵。"

张天鹏在海尔工作了18年。他是福建人，2001年从武汉科技大学毕业之后就进了海尔。这是他的第一份工作。

为什么要进海尔呢？

"因为海尔很牛啊，张首席是我的偶像。"

虽然张天鹏进的是研发部，但在海尔的第一年，他是从生产一线干起的。海尔要求无论哪个岗位的员工都要从一线干起。张天鹏对第一年工作印象最深的就是焊接。家用酒柜和冰柜的压缩机、冷凝器的管路细得好像毛细血管，很难烧。只有熟悉了一线生产操作，才能更深入地了解到底哪里的设计不合理。

"我当时就觉得海尔相当厉害。我负责的酒柜和冰箱主要用于出口。尤其是小酒柜，海尔1999年开始做，全部都用于出口。我们的酒柜2001年登上了美国一个杂志的封面。当时我刚进厂不久，看着流水线上一台台整齐的小酒柜，觉得这才是小康生活应该有的配置。"

第三章 老兵不死 | 123

张天鹏所在的研发部主要负责产品迭代。他经常会把一台冰箱的130个零部件摆出来，然后看欧洲市场需要改哪个、非洲市场需要改哪个、东南亚市场需要改哪个、印度市场需要改哪个。不同市场对产品的需求是不一样的。比如，尼日利亚经常停电，气温较高，需要通电之后迅速制冷，这对压缩机和电压提出了特殊的要求，那就要改造。

"那时我的团队只有两三个人，整个项目组也就四五个人，而且是由不同部门的人临时组成的。海尔就是这个风格，非常注重迭代，也没有那么多层层上报的繁文缛节。"

海尔更重视的不仅仅是技术，而是用户的感受。"真诚到永远"是海尔最初的口号，就是给用户超出他想象的东西。

但是，有时候，用户的需求会出人意料。

张天鹏讲了一个故事。

"那是在2011年。我有个北京的客户，我叫他王哥。王哥买了我们一个非常贵、非常大的酒柜，一次能藏100多瓶酒的那种。我们觉得，这个王哥肯定很有钱、很有品位。他在北京的家，是个大别墅，我们专门跑到北京登门求教。我说：'王哥，你买了这么多酒，而且都这么贵，一定是非常有品位、非常懂红酒的，能不能跟我们讲讲这里面的学问啊？'结果，王哥说：'你问的这些我啥也不懂。'这个王哥真的啥也不懂，他就是有钱。他说：'我现在虽然有钱，但很多人还是看不起我，觉得我顶多就是个土豪，除了钱没别的.'后来聊开了,他建议我们应该搞搞关于红酒的课程、资讯什么的。"

像王哥这样的人其实是一个很有代表性的群体。张天鹏后来随机选了1 000个样本,发现王哥这样的用户占到70%~80%。其实客户需要的不是酒柜,而是想知道怎么选酒、怎么喝酒、怎么品酒,他们需要的是关于红酒的知识。

"说白了,了解了这些他就可以装装样子。"

虽然海尔这么早就知道了用户的痛点,但怎么才能满足他们的这种需求呢?那时候,互联网还没有现在这么发达,微信和App也没有流行。海尔一开始考虑在酒柜上装一个显示面板,但这个面板不好装,因为酒柜的门板是玻璃的,嵌上面板,用户用起来不方便。

再后来,到2015年,张天鹏团队做出了带屏幕的酒柜,并内置了一款他们自己开发的App。这个App的名字叫"酒知道"。

张天鹏开心地笑了:"刚开始我们的口号是:海尔酒知道,您身边的试酒师。后来我和一些酒商聊天瞎扯的时候,突然想到了一句话:3分钟给用户提供30分钟的显摆方案。你可能觉得这上不了台面,但我觉得挺实际的。"

"酒知道"也在不断转型。最开始是提供酒的知识服务,到了2016年、2017年,共享经济概念开始流行,张天鹏就想做共享酒柜。

第三章 老兵不死 | 125

中国 90% 的红酒是在餐馆里喝掉的，但绝大多数红酒是顾客自己带的。一个餐馆老板晚上打烊后数瓶子，发现顾客喝掉了八九十瓶红酒，两大筐酒瓶，结果问下收银台，自己店里只卖掉了两三瓶。酒庄也不知道自己的酒去了哪里、被什么人喝了，什么样的人喜欢喝什么口味的酒。酒庄有层层的中间流通环节：区代理商、省代理商、市代理商、更小的代理商。雁过拔毛，酒庄也没有赚到什么钱。

"我们能直接跳过一批、二批、三批、四批等中间环节。比如奔富红酒，我们一瓶卖 358 元，保证是真货。我卖一瓶只挣 35.8 元，也就是收 10% 的平台费。酒庄和餐厅可以直接分成，拿走大头。"

这样，"酒知道"就变成了一个酒的平台，不再是酒柜的平台了。

张天鹏说："现在我们的共享酒窖已经有 1 000 多家了。我希望三五年之后，'酒知道'可以成熟起来，通过自主融资，最终实现上市。"

在海尔的 18 年，有什么变化呢？

"海尔变化还是很大的。海尔一直信奉'以变治变'。海尔最大的变化是：从做产品到做生态。唯一不变的是：围绕用户。我自己也变了，以前只是海尔集团研发岗位上的一颗螺丝钉，现在成了创业者，更忙了，需要考虑的东西更多了。"

"我就是海尔的一个老兵。海尔是家电领域和服务领域的老兵。我现在又是酒圈的一个新兵。"

企业必死，生态永存

张天鹏的"酒知道"只是海尔近几年孵化出来的上百个小微业务之一。

如果你随机采访一个路人，问他海尔是干什么的，十有八九，他会告诉你，海尔是造冰箱的。错，我们已经分辨不出海尔是干什么的，也不知道海尔的企业边界在哪里，甚至不知道谁是海尔的人。海尔早已变成了一个庞大的、在内部孵化众多创业项目的平台型公司。这正是海尔的当家人张瑞敏这个老兵，面对互联网行业的冲击想出来的一步妙招。

早在 2000 年，张瑞敏就预见了互联网行业的入侵。在当年参加完达沃斯世界经济论坛之后，他在《海尔人》上发表了一篇文章《"新经济"之我见》。他已经意识到，互联网这个游牧部落总有一天会挥师南下。怎么办？

张瑞敏尝试了很多种方法，希望海尔能够在互联网的攻势来临之前完成自我迭代。[3]

张瑞敏先是邀请互联网企业教自己怎么做。他花费巨资从IBM（国际商用机器公司）和惠普请来顾问，搭建新的组织流程。方案出来之后，张瑞敏感觉这个流程太复杂了，没有解决问题。

于是张瑞敏又开始在企业内部实施流程再造。这有点像赵武灵王推行的"胡服骑射"政策。海尔经过数年的努力，按照信息化的要求重新改造了所有的生产、管理流程。但是，海尔的打法还是制造业企业的打法。

海尔尝试过定制化生产。早在2000年，张瑞敏就说过，如果用户需要三角形的冰箱，海尔就生产三角形的冰箱。如今，海尔的用户可以自己提出设计需求，而且可以与其他的用户互动。比如，有个用户提出了一种鸟巢外观的空调机，得到很多其他用户的点赞，结果这个设计就进入了海尔的工厂，很快变成了可量产的空调型号。

海尔尝试过制造业+物流。海尔物流1999年就成立了。这个物流公司在内部负责整合整个公司的采购与配送业务，降低成本；对外负责对接各个地区、各种不同类型的顾客的送货服务，服务到家。它可以为海尔的供应商提供全流程的物流、信息服务，也可以为不同行业提供量身定做的物流解决方案。

海尔尝试过制造业+智能化。海尔很早就尝试让家电变得更加智能。海尔的电视可以控制客厅里的所有智能设备。海尔的天玺空调能够识别出不同人体的冷热，假如左侧站着小孩子，右侧站着成年人，则空调左侧的风量就会小一些，右侧的风量就会大一些。海尔的洗衣机会提醒你不要把白色和黑色的衣物混在一起洗。海尔衣橱里的"大魔镜"会根据你衣服上的RFID（射频识别技术，俗称电子标签）编码自动识别，进行分类，还能为你提供穿衣搭配的建议。

海尔尝试过苹果模式。苹果是以精品产品为核心，建立极具黏性的客户群，然后以硬件为基础，在此之上做好软件的部分。海尔的精控平台就是这种思路。

看起来，海尔把能够尝试的方法都尝试了，但张瑞敏还是不满意，直到海尔真正找到自己的打法。

海尔的打法是：去海尔化。

这是一种比互联网企业更激进、比创业企业更疯狂的打法。

海尔现在已经变成一个开放的创新平台。大的平台下面又有很多小的平台。小的平台上长出来很多"小微"。"小微"现在是海尔的细胞。我们刚刚介绍的"酒知道"就是一个"小微"。"小微"可以自主寻找创业项目，并按照全新的会计体系实行考核。平台由平台主负责。

"小微"由"小微主"负责。平台主的主要责任就是孵化，也就是说，他们要为"小微"提供各种资源支持，但是他们没有人事任免权。平台主和"小微主"都是竞争上岗，谁上谁下，市场和员工说了算。

海尔现在既不是生产产品的，也不是提供服务的，甚至不是创造平台的，海尔是培育生态的。张瑞敏说，海尔选择的是从一个封闭的科层制组织转型为一个开放的创业平台，从一个有围墙

<u>的花园变为万千物种自演进的生态系统</u>。

2018年9月20日在青岛召开的"人单合一模式国际论坛"是海尔一年一度的盛会。在晚宴上，张瑞敏专门挑了一条领带，上面印着各式各样的公式。企业管理是个谜题，张瑞敏一直在寻找解开这个谜题的公式。

张瑞敏说："我早些年曾经问过杰克·韦尔奇，他选的接班人怎么样？他说不怎么样。接班人往往没有创业者的那股冲劲儿，不太可能具备创业者精神，所以公司的可持续发展就会有问题。凯文·凯利有一句话说得很好：所有的公司都难逃一死，所有的城市都近乎不朽。原因是企业总想成为帝国，而城市是一个开放的生命体。靠原来那种圈定接班人的做法，想让企业保持持续发展、基业长青几乎是不可能的。我希望我们不是把企业变成一个帝国，而是把它变成一个生生不息的生态系统。"

他举起酒杯："让我们为能够创造一个全新的、生生不息的生态系统干杯！"

凡是过去，皆为序曲

多年之后，很多互联网企业会忽然意识到，原来海尔用的才是真正的互联网打法。

互联网企业原本擅长攻破别人的护城河，如今却忙着修建自己的护城河，这个护城河可能是垄断的数据，也可能是巨额的资本；互联网企业原本信奉开放和自由，如今却醉心于打造自己的势力范围，建立包罗万象的商业帝国；互联网企业原本是创新的平台，如今却成了下一代创新企业绕不开的坎。

互联网企业什么都不缺，唯独缺少久经沙场的磨炼，缺少置身生死关头的恐惧感，缺少面临大军压境的危机感，缺少面对外来入侵的深入骨髓的警惕和焦虑。莎士比亚在《暴风雨》中写道："凡是过去，皆为序曲。"像海尔这样的传统企业经历过的困境，互联网企业迟早也会体验。到那时，他们才能领悟到，老兵毕竟是老兵。

互联网企业或许不需要借鉴海尔对传统生产流程的再造，但他们无法低估张瑞敏在组织管理方面的创新。

通用电气前CEO杰克·韦尔奇提出了无边界组织，他大概是世界上第一个提出无边界管理的CEO。但他始终没能在通用电气内部推行开来，可见组织变革有多难。

张瑞敏说，要让每个人成为自己的CEO。张瑞敏在集团大会上又说，大家要忘掉海尔，才能成就生态。怎么理解张瑞敏的战术呢？

一个企业终极的目标是什么？传统的经济学告诉我们，企业的目标是让股东利益最大化。这是一个谎言。张瑞敏始终认为，公司把股东放在第一位是不对的，股东不会为公司创造价值，他们只会分享公司的价值，只有员工和客户是为公司创造价值的。

这是张瑞敏从自身的经验悟出的道理。做平台的企业很多，每一个都有自己的优势。阿里巴巴的平台优势是数据，华为的平台优势是基础设施。海尔的优势只有人，一边是 8 万多名员工，一边是 1 亿多名用户：发挥得好就是优势，发挥不好就是负担。人只有在发挥主动性的时候才能成为优势。所以，张瑞敏必须让每个员工都成为 CEO，把自己的潜能发挥出来。

那为什么要"去海尔化"呢？这是海尔的自我革命。这种自我革命来自张瑞敏这样的老兵对战场变化的感知：春种冬藏、向死而生。从张瑞敏的战术中，隐约能够看到集群作战的影子。这种战术最早是因匈奴王阿提拉而出名，他的队伍能够隐于无形，然后突然之间冒出来，从四面八方发动进攻，在击败比自己更强大、更先进的对手之后，又在瞬间消失不见，如此反反复复，令对手防不胜防。共产党的游击队采用过这种战术。辽沈战役时期"四野"（中国人民解放军第四野战军）的"班自为战、人自为战"的打法采用的也是这种战术。当时，林彪对手下的指示是："乱不乱我不管，只要找到廖耀湘就行。"[4]

如今，各国军方都在抓紧研制的无人机蜂群式攻击也是这种战术。集群作战的秘诀在于：既能分散，又能合作，随时变化，不断试错，无招才能胜有招，无形才能藏于天地之间。

每一个老兵心里都清楚，你永远不可能知道，下一分钟敌人会从哪里发起进攻。在瞬息万变的战场上，你慢慢会悟到：迂回就是捷径，模糊就是清晰，分散就是力量，混乱就是有序。

Sky流

2015年，30岁的李晓峰退役了。

他是个身经百战的老兵，已经在战场上摸爬滚打了十多年。在对手眼里，李晓峰是个令人心生绝望的战术大师。他能够敏锐地把握稍纵即逝的战机，把行动时间精确到以秒计算，将对手的一切战术扼杀在摇篮之中。面对李晓峰冷静而残酷的进攻，对手除了硬碰硬地拼刺刀，没有任何反制的办法。所有的对手几乎都知道李晓峰会用什么战法，知道他什么时候出什么兵，但是依然无法战胜他。在李晓峰出山之前，人族一度被兽族虐得不成样。兽族可以通过自己的种族优势在战斗前期就对人族无情碾轧，直接拖垮人族的经济和兵力，快速结束战斗。李晓峰的出现，彻底扭转了战局。

李晓峰是一款战略游戏《魔兽争霸3》里的一位电竞选手。他在游戏里的名字是Sky。由他独创的战术被称为"Sky流"。Sky流是一种由大法师、兽王、男女巫、召唤物、民兵、迷你塔组成的混合式一波流。由于Sky几乎是以一己之力扭转了人族对战兽族时的劣势局面，因此他被称为魔兽"人皇"。

在中国电竞史最灰暗的年代，李晓峰犹如划破夜空的一道闪电。他是中国电竞业混沌期出现的第一个真正意义上的职业选手，也是中国第一位电竞明星。他在2005年和2006年连续两届获得WCG（世界电子竞技大赛）总冠军，这相当于获得了电竞界的奥运会金牌。李晓峰身披国旗、手捧奖杯的那一刻，屏幕前无数玩游戏的热血少年激动得热泪盈眶。

如今33岁的李晓峰略显疲惫，有种老兵解甲归田之后的沧桑感。电竞行业的更新速度极快。《星际争霸》和《魔兽争霸》的玩家已经不再年轻，《英雄联盟》的玩家也渐渐老去，现在流行的是手机上速战速决的《王者荣耀》和吃鸡游戏。李晓峰现在是吃鸡游戏的一名主播。时下最火爆的一款吃鸡游戏名叫《绝地求生》，这是一种战术竞技型射击类沙盒游戏：一群玩家在孤岛上自相残杀，哪位玩家或哪个小队能活到最后就是赢家。结束时系统就会送上一句祝贺："大吉大利，今晚吃鸡。"霓裳易散，梨园易老，李晓峰的名气已远不如最红的几位吃鸡游戏主播：大司马、韦神、四叔、某幻君等。

对年纪更大一些的人来说，电子竞技是件很难理解的新生事物：不就是打游戏吗？

"不，"李晓峰正色道，"电子竞技也是一种体育竞技。"

Sky流是一种很无趣的打法，没有令人目眩神迷的特技，也没有让人感觉酣畅淋漓的围杀，需要的只有冷冰冰的计算和超乎想象的执行力。

抛开电子竞技这种外在的形式，你会看到李晓峰的成功道路和传统的体育项目选手是一样的，都要进行近乎自虐的严酷训练。在长达十多年的时间里，李晓峰每天至少要练 10 个小时，有的时候一天会练 18 个小时。他会练到拿起鼠标就眼睛模糊、大脑无意识——即使在这种情况下，他还能坚持练很多盘。APM（每分钟操作指令数，又称手速）是电子竞技选手的关键数据之一，测的是每分钟点击鼠标和敲击键盘的次数。巅峰时期，李晓峰的 APM 纪录保持在 310 次以上。

李晓峰的风格和他的经历有关。他出生在河南汝州的一个贫寒家庭。早年打《星际争霸》的时候，家里的电脑配置极差，玩家一旦超过 100 人就会卡，所以李晓峰只能选择速攻。Sky 流就是典型的速攻打法。

回首往事，李晓峰怎么看待电子竞技？一开始只是沉迷于游戏，后来他才发现，电子竞技可能是改变命运的唯一出路。他学习成绩不好，没有办法风风光光地考上大学。是听从父亲的安排，甘心在县城找一份工作，还是在江湖上闯荡出自己的道路？

电子竞技让李晓峰无意中找到了一条人生的通关秘道。

波普艺术大师安迪·沃霍尔这样讲可口可乐："最富的人与最穷的人享受着基本相同的东西。你可以边看电视边喝可口可乐，你知道总统喝可乐，伊丽莎白·泰勒也喝可乐，你也可以喝可乐。可乐就是可乐，没有更好更贵的可乐，你喝的与街角的叫花子喝的一样，所有的可口可乐都一样好。"电子竞技就是很多年轻人的可口可乐。他们已经不愿看无聊的电视剧,网上又找不到好的影视资源,那他们干什么呢?

有人在青春的时候当"知青",有人在青春的时候当校园歌手,有人在青春的时候打《魔兽世界》,有人在青春的时候打《王者荣耀》。铁打的营盘流水的兵。不管你选择用什么样的方式消磨时光,青春都是我们每一代人必须服的兵役。

电子竞技"超级碗"

2018年,电子竞技突然火了。

2018年5月20日,在雅加达亚运会上,电子竞技作为一项体育运动首次出现在大型赛事中。中国队首先获得了《王者荣耀》(国际版)的冠军,然后在《英雄联盟》总决赛中以3∶1力克韩国队。尽管《英雄联盟》是中国PC(个人电脑)端游戏人口最多的项目,但韩国历来是《英雄联盟》的霸主。这个奖杯得之不易。

是电子竞技更需要亚运会,还是亚运会更需要电子竞技?与其说是电子竞技需要亚运会,不如说亚运会更需要电子竞技。在微博上,有关亚运会的阅读量为10.8亿,而有关电竞亚运会的阅读量却高达16亿,远超亚运会本身。第三方市场情报研究机构Newzoo最新发布的全球电子竞技市场报告显示,2017年全球有1.92亿观众观看电子竞技,其中,中国观众最多,为6 040万人,其次是美国观众,为2 460万人。

韩国、日本的多家主流电视台对此次亚运会电子竞技比赛进行了全程直播，但央视却在最后一刻放弃了对比赛的直播。

又一个高潮在 11 月 3 日到来。这一天，《英雄联盟》S8 全球总决赛在韩国仁川文鹤体育馆举行。来自中国的 iG 战队杀入总决赛，以 3∶0 的战绩击败欧洲战队 FNATIC，获得英雄联盟的全球冠军。中国战队等待这一天至少等了 8 年。在很多大学里，学生们挤在食堂里一起观看现场直播。比赛结束的时候，学生宿舍爆发出惊天动地的欢呼："iG！ iG……"这一次，央视新闻、共青团中央、紫光阁的网站都发微博祝贺。

2003 年电子竞技就已经被国家体育总局列为第 99 个正式体育项目。文化部也已将电子竞技纳入新的五年规划之中。各地政府对电竞产业表现出越来越强烈的兴趣。那么，备受瞩目的电子竞技，究竟是新兴产业，还是传统产业呢？

电竞产业拼命想跻身传统的体育产业，这不单是为了获得合法性的支持。事实上，像电子竞技这样的新兴产业，已经越来越痛切地感受到，必须要向传统产业的老兵学习。

无论是从选手的训练、俱乐部的运营，还是赛事的组织方面，电竞产业都在向传统的体育产业竞技取经，学习传统体育产业是如何在上百年时间里，用一场场充满戏剧色彩的赛事、一个个史诗般的传奇人物塑造出精神图腾，让数亿跨越文化、年龄和性别的人们拜服脚下。

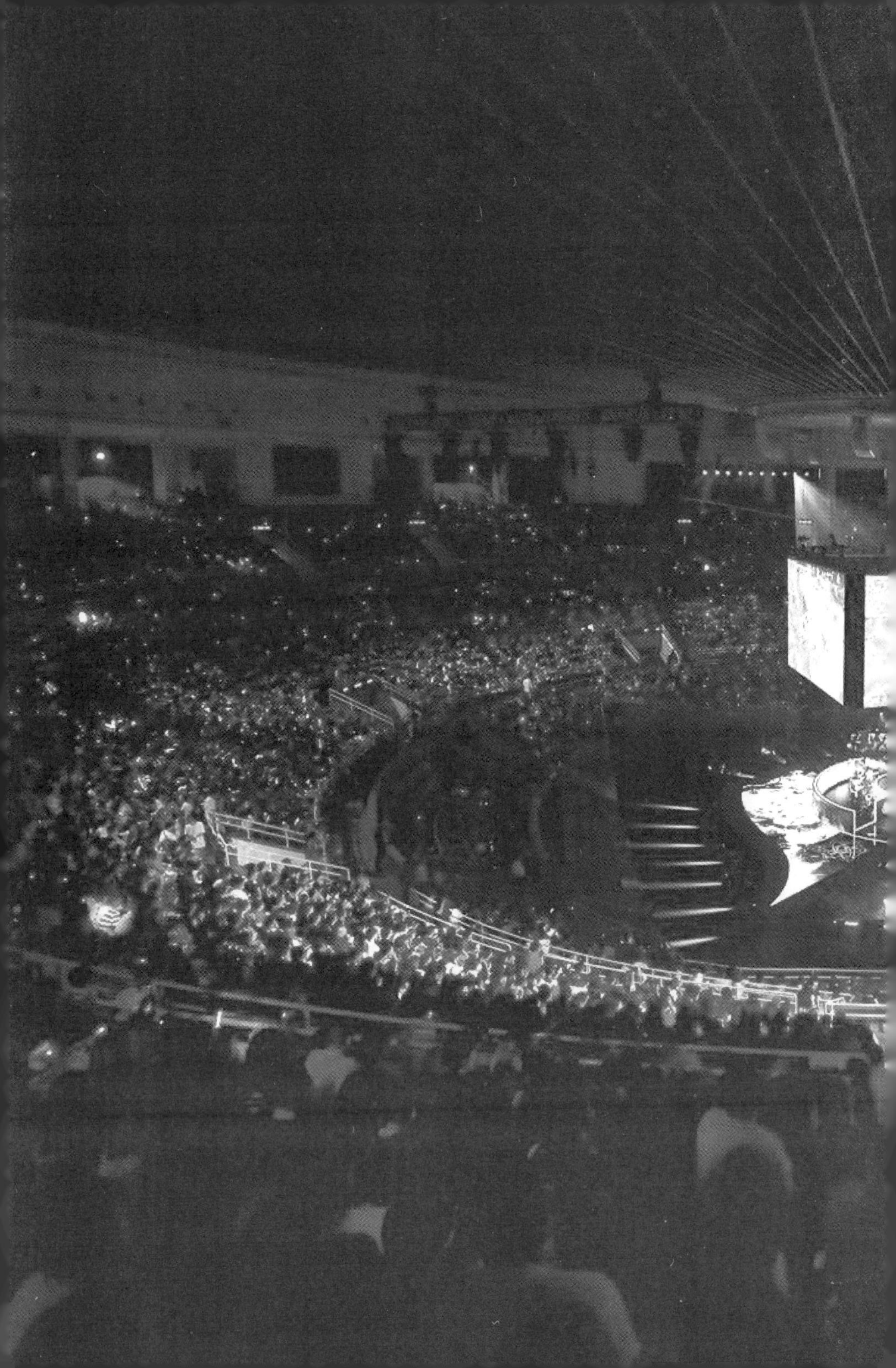

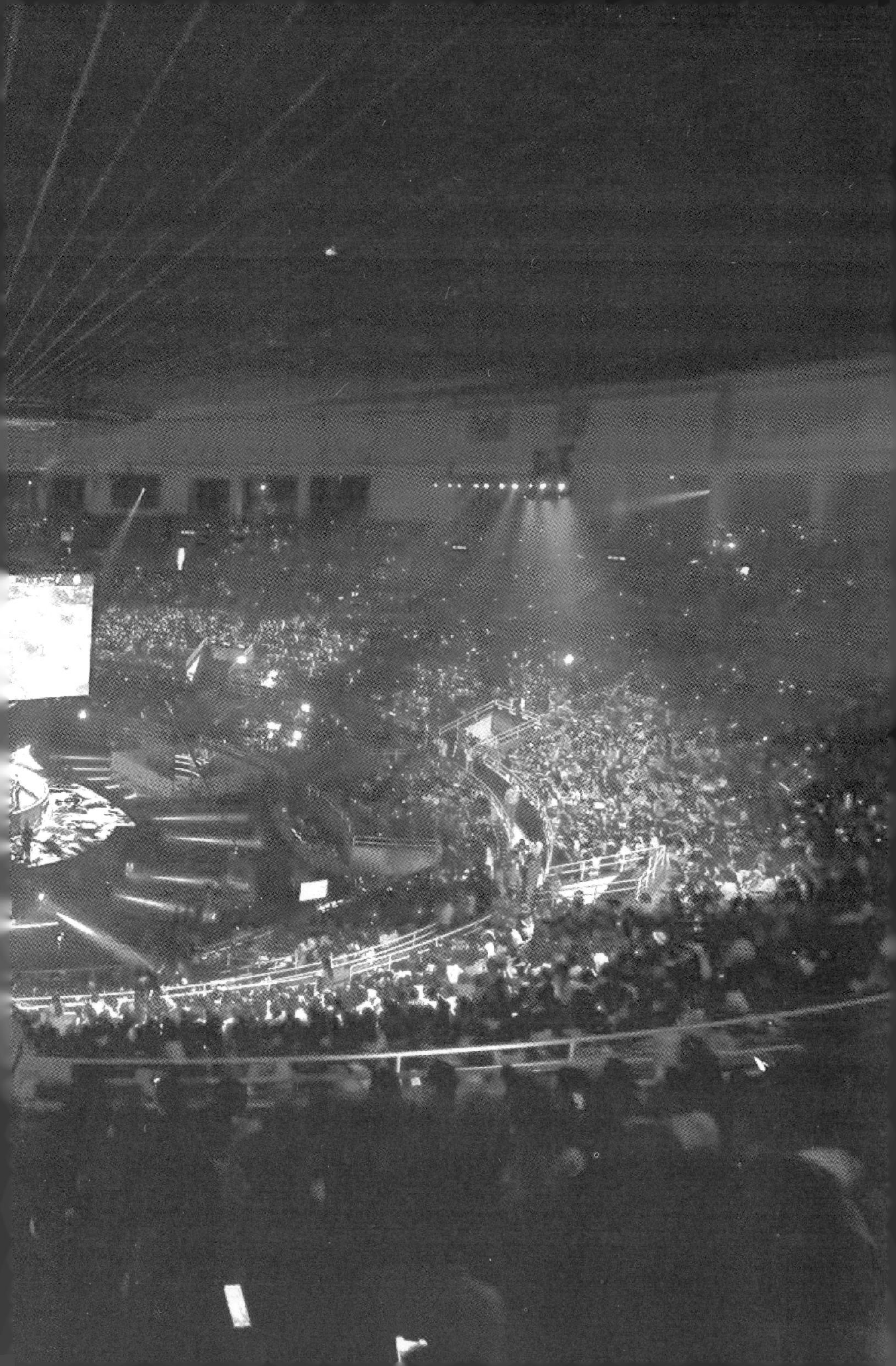

和传统的体育项目一样,电子竞技也有自己的职业选手。民间高手可能在一盘中偶然胜过职业选手,但在团队配合上远远不及职业选手,因为民间高手不太可能保持稳定的成绩。电子竞技职业选手的训练和传统体育项目如出一辙。一个电子竞技职业选手的一天往往是这样度过的:同一个队的队员住在一起,集中训练,从中午12点开始,一直练到晚上两三点。晚上网络更流畅,适合跟国际选手对练。队里有教练,有专门做饭的人员,有的俱乐部还特地请了中国女篮的心理辅导团队。如果队员打得不好,教练会暂停训练,让大家复盘。

这样,队员聚集在一个个电子竞技俱乐部之中,这些俱乐部的运营也越来越专业化。朱砂是一位24岁的西安姑娘,曾经在券商和投行工作,后来离职加盟了一家电子竞技俱乐部。作为俱乐部的运营经理,她要负责电子竞技选手的包装。她告诉我们,这是从韩国学来的,但中国的电子竞技俱乐部已经青出于蓝。每个赛季,俱乐部和赛事承办方都会想办法打造几个明星选手。选手所处的位置中核心位置叫作"C位"。要想站到C位,不仅要看实力,还要看颜值。原来看起来其貌不扬的选手都被朱砂逼着去做了发型、拍了宣传照。俱乐部官方微博、官方微信、贴吧、粉丝群、Logo推广,一个都不能少。大赛之前,组织粉丝、制作海报、为粉丝制作荧光棒和VI(视觉识别)手环、选择应援色,每件事都必须精益求精,这样才能让俱乐部和电竞选手有更强的辨识度,让粉丝团有更强的仪式感。

电竞中心原来是在北京，因为北京的高校多，大学生多。后来电竞中心从北京移到上海，最初的原因是电子竞技需要和外国优秀选手对练，上海的网速比北京快，后来上海在电竞商业化方面做得更好，电竞中心就移至上海了。更多的城市也正在尝试吸引电竞俱乐部落户，比如Sky所在的WE俱乐部《王者荣耀》的团队就已经落户西安。<u>越来越多的城市在发展文体产业的时候会考虑支持电竞俱乐部</u>。这些城市希望将电竞俱乐部打造成一张有特色的城市名片。是动辄花费几千万元补贴传统体育项目（比如支持那些从不长进的足球俱乐部）好呢，还是另辟蹊径，找到一个新的出口，放飞年轻人的激情和梦想好呢？得年轻人者得天下。

电竞赛事更是主动地模仿传统体育产业。KPL（《王者荣耀》职业联赛）是目前电竞行业最成熟、规则最为复杂的赛事之一。你可以从各个细节看出其模仿NBA（美国男子职业篮球联赛）的痕迹。

KPL像NBA一样分东、西两个赛区，春、秋两个赛季；还分常规赛、季后赛、总决赛三个部分。KPL先是在东西赛区各自比出一支冠军队伍，然后两支队伍再进行总决赛，决出季度冠军。

KPL每年两场的总决赛不只是一场比赛，它更像是一个"综艺＋体育＋电竞"的狂欢盛典，该盛典由一连串的板块拼凑而成：决赛现场有赛前采访视频、有文艺明星助阵和明星表演赛。例如，

2018年前KPL春季赛总决赛上来助兴的有钢琴演奏家郎朗、青年演员娄艺潇等。很多明星也是电竞爱好者，他们本身有兴趣配合，也乐于通过电竞赛事塑造一个更为年轻人喜爱的形象。

2018年7月8日，KPL春季赛总决赛在上海梅赛德斯-奔驰文化中心举行，18 000张座位票早已售罄，几乎座无虚席。整个决赛颇似美国职业橄榄球大联盟的年度冠军赛"超级碗"。KPL赛事的承办方量子体育VSPN公司OBS组的负责人奥伯（Ober）从一开始就抱有这样的想法："这场赛事最有希望成为有中国特色的'超级碗'。"奥伯的团队还刚刚承办了2018《王者荣耀》冠军杯。与KPL相比，参加冠军杯的不仅包括国内的俱乐部，还包括国外的俱乐部。从某种意义上看，他们企图将冠军杯打造成《王者荣耀》界的欧洲冠军联赛或者世界杯。

电竞赛事直播本身的技术、流程也颇多借鉴了传统体育赛事直播。比如在KPL赛事直播时，有一支叫作OB（观察员）的幕后团队，他们和传统体育赛事中的摄像师功能类似：10个人坐一排，拿着手机看游戏画面，发现有对战或者关键信息，就推给导播，导播根据经验和实际情况决定向大众推送什么画面。整个过程已经形成了一个标准化的操作流程，其主要目的就是让画面更好看，让观众更"着迷"。一些体育赛事直播中常用的即时慢动作回放等技术也开始频繁见诸电竞比赛的直播中，而在不到10年前，这样的慢动作回放几乎只会在传统体育赛事转播中出现。

NBA的观众平均年龄已经在40岁以上,"世界杯"的观众平均年龄也在上升。对相当数量的年轻人而言,电子竞技的对抗性、可观赏性都要比传统的体育比赛更强、更吸引人。现有的游戏直播借鉴了传统体育的内核,但在采用新技术方面比传统体育有更强的包容性。

2018年KPL春季赛总决赛用AR技术做了一只鲲,这只梦幻般的独角巨鲲在观众席的上空自由自在地游弋。这只鲲从两千年前庄周的思绪中游出,游到了《王者荣耀》的游戏中,然后一转身,游向了没有人能看得到的未来。

新与旧

2018年9月10日,马云选择了这样一个特别的日子宣布退休。他宣布,一年之后,也就是2019年9月10日,他将不再担任阿里巴巴董事局主席。又一个老兵即将退役。马云挑选这个日子,不仅是为了庆祝教师节,更是因为19年前,阿里巴巴就是在这个日子成立的。马云说,他退休之后打算当一名老师。

9月19日,就在他宣布退休一周之后,阿里巴巴CTO(首席技术官)、阿里巴巴达摩院院长张建锋在云栖大会宣布,阿里巴巴将成立独立芯片公司——平头哥半导体有限公司。平头哥是蜜獾的别称,被称为世界上最无所畏惧的动物。这个公司名称是在马云的坚持下起的。平头哥公司计划在2~3年内打造一款真正的量子芯片。一个肩负着特殊使命的新企业诞生了。

马云宣布要像老兵一样退役,但平头哥公司像一名新兵一样上战场了。

2018年5月25日,国家发改委发布《汽车产业投资管理规定(征求意见稿)》,新能源汽车行业的发展到了分水岭。此前如过江之鲫一般出现的代工模式、僵尸车企将被大面积叫停。已经步入电动汽车制造领域的外来者正在试图补齐自身的短板,纷纷从国内外汽车行业招兵买马。一大批老兵,被招募进一支新军。

与此同时,一汽红旗发布消息,称将于10月份推出首款电动汽车红旗H5EV,预计续航里程高达310公里,也会加入智能网联技术,比如手机叫车、自动泊车、自适应巡航技术。一个老企业,杀进了一个新战场。

根据商务部、工信部披露的数据,截至2018年6月,中国共有5.5亿网民在网上买过东西,但网购人数增速已经连续4年下滑。与此同时,有100万家实体店参与天猫"双十一"活动。连久违的实体书店也回归了。曾经快速增长的新生事物已经减速,看似穷途末路的传统商铺又出现转机。

2016年,中国成为亚马逊阅读器——Kindle的第一大市场,很多人预言,电子书的时代已经到来,纸质书很快就会被淘汰。事实上,根据2018年由中南传媒产业研究院和华泰证券研究所联合发布的《阅读产业发展报告(2017)》,中国的纸质书市场规模达到1 800亿元,而电子书市场规模只有20亿元。年轻人并没有抛弃纸质书。在纸质书的读者中,30岁以下的年轻人比例高达52.3%。传统的纸质书仍然是主角,新兴的电子书只能充当配角。

一排排电脑前,一群面有菜色的年轻人,对着屏幕上被放大的眼睛,一步步做好标记点。他们被叫作数据标注员。2018年最热门的技术是人工智能中的深度学习。深度学习的关键是给机器做大量的数据训练,在做数据训练之前,必须人工对数据进行标注,作为机器学习的先导经验。这些工作简单而枯燥:拉框标点、打标签、分割、批注。像眉毛、眼睛、鼻子、嘴巴等关键点上,要做20多个标记点。这种机械且低薪的工作大多是由来自河南、河北、山东、山西等人口大省的非熟练劳动力来做,甚至有些企业还会把这些工作外包给学生或家庭主妇。看起来最前沿的科技,却是由最低端的劳动力引导的。

旧的不一定是过时的,旧事物中同样蕴含着创新的基因;新的不一定是更好的,甚至新的并不一定是新的。创新不是简单地弃旧扬新,而是不断地回到传统,在旧事物中重新发现新思想。

2018年,新和旧之间的界限已经很难区分。

看点 03

传统与创新

创新无止境,但传统定义了创新的底线。
传统教我们的是如何平衡、妥协和取舍,并保持谦卑与敬畏。

攻守之势

借用国际政治理论中的"进攻型武器和防守型武器假说",我们可以把互联网行业视为进攻型的,而传统行业则是防守型的,防守的力量开始逐渐占上风。一个新的时代正在逼近——在物联网时代,拥有硬件优势的制造企业有机会反败为胜。

企业与生态

创新无止境,但传统定义了创新的底线。
传统教我们的是如何

平衡、妥协和取舍,

并保持谦卑与敬畏。

新与旧

这是一个新的时代，也是一个旧的时代，
新旧势力在实业的框架内冲突、颠覆、建设、重塑，
而这一框架本身也在这种冲突融合中发生变化。
在喧嚣暂定的2018，我们可以察觉到，原来新与旧之间并没有一条清晰的界限。

电竞与体育

对抗的背后也有融合，第一代电竞明星SKY凭借如传统体育明星
般持久、枯燥的训练攀上了高峰；新一代的电竞产业也正在全方位地学习、借鉴传统体育产业。
这种学习卓有成效，已经登上了亚运会的电竞运动，
在庞大电竞粉丝甚至一些城市管理者的眼中，其魅力已经毫不逊于其他任何一项体育运动。

老兵不死

经验丰富的老兵可以利用传统的基础，加上新的技术，
让上一个时代的工业品发挥出新的魅力，哪怕仅仅是一台酒柜。
传统企业本身也在进行一系列调整——
老兵征战沙场培养出的嗅觉让其早已察觉到了危险，
比如海尔进行的"去海尔化"进程。此前迅猛、灵活的互联网企业反而在筑起高墙。
或许这就是反击之时。

注 释

1. 阿里尔·扎拉奇，莫里斯·E.斯图克.算法的陷阱：超级平台、算法垄断与场景欺骗[M].余潇，译.北京：中信出版社，2018.
2. 乔治·奎斯特在1977年分析了国际体系中的进攻与防御，罗伯特·杰维斯在1978年首先提出"攻防对比"这一理论概念，参见：George Quester. Offense and Defense in the International System [M]. New York : John Willey and Sons, 1977；Robert Jervis. Cooperation under the Security Dilemma[J]. World Politics, 1978, 30(2): 167-214；徐进.进攻崇拜：一个理论神话的破灭[J].世界经济与政治，2010（2）.
3. 郝亚洲.海尔转型笔记[M].北京：中国人民大学出版社，2018.
4. 中国图书网[EB/OL]. http://www.bookschina.com/2870441.html.

注：本章图片为2018年8月11日王者荣耀冠军杯国际邀请赛总决赛赛事现场。

图片来源：腾讯互娱。

第四章
在菜市场遇见城市设计师

2018年，人们最关心的是房价是否会出现拐点，但从长时段来看，更值得关注的是城市化的拐点。自上而下的城市化已不可持续。我观察到的第四个变量是：自下而上的力量浮出水面。换一种眼光去看城市，你会有意想不到的发现。城市化的进程不会停止，未来会有更多的都市圈，但这些都市圈是放大了的城市，还是一种新的城市物种呢？未来的城市不一定都能扩张，假如城市不得不"收缩"，该怎样才能像瘦身一样，瘦了更健康？未来的城市将深受互联网影响，城市空间布局会跟过去有很大的不同。"位置、位置、位置"的传统房地产"金律"很可能不再适用。我们会看到，城市里会爆发一场"颜值革命"。这场"颜值革命"来自哪里呢？归根到底，它来自人民群众自己创造美好生活的能量。

城市盯梢者

何志森每一次上课都会遭到学生的质疑。学生经常非常困惑地问："老师，我是来学建筑设计的，你教我这些，有什么用呢？"

何志森看起来不像是大学教师，更像是个学生。他顶着一簇翘起的头发，这是漫画里流行的凤梨头，一袭黑衣，运动短裤、运动鞋，拎着一个棉布袋子。何志森在墨尔本皇家理工大学获得建筑学博士学位，他原本是学习参数化设计的，天天在计算机上琢磨工程图纸，琢磨来琢磨去，几乎得了抑郁症，后来转去研究城市和人。2012年，他成立了Mapping工作坊；2014—2017年，他在美国、澳大利亚、中国等国家的80多个建筑院校和设计研究机构做巡回演讲；2017年，他应邀在华南理工大学做讲师。

何志森教学生什么呢？他教学生怎样去盯梢，怎样去观察街心花园里的流浪汉，怎样去看城管抓小贩，怎样区分流浪狗和家养狗的活动范围，怎样在春节送人的礼物中装上GPS定位器，跟踪礼物被一家人送给另一家人时沿途留下的足迹。

为什么要教学生去盯梢呢？为了锻炼学生的观察能力。何志森说，跟踪是连续的观察。你要是能学会停下来、慢下来、趴下来，就能看到以前看不到的细微之处。处处留心皆学问。

为什么墨尔本的流浪汉早上五点出门，六点回去睡觉？因为垃圾车六点过来收垃圾，咖啡店大概会在五点半到六点之间把剩的面包、菜叶扔出来，流浪汉要选准时间出去捡垃圾。

为什么广州的居民到了街心花园，放着现成的石凳不坐，非要搬石头过来坐？因为他们要聚在一起打牌。原来设计的石凳没有考虑到居民之间互动需要更紧密的距离。所以，居民宁可坐在高低不平的石头上，也不坐石凳。

为什么上海里弄里的居民早上打招呼时手里都拎着尿壶？因为里弄里的居民每天要出来倒三次尿壶，上午一次，下午一次，晚上一次，这就成了人们在社区里偶遇和聊天的时间段，拎着尿壶就可以互相闲聊。

为什么超市会把牛奶放在最里面？因为86%的顾客都买了同一样东西：牛奶。把牛奶放在最靠里的地方，不仅是因为牛奶保鲜需要放在冷柜里，冷柜需要靠近墙上的电源，而且是因为这样会诱导顾客一直走到超市的深处，尽可能地和最多的商品相遇。最大的流通等于最大的利润。

为什么超市会把面包放在牛奶的旁边？因为关联定律。面包的旁边一定摆放着跟它关联的商品：牛奶、果酱、花生酱、沙拉酱、巧克力。最大的关联等于最大的消费。

为什么超市会把化妆品放在收银台的旁边？因为你最后一定会经过收银台。最贵的商品要摆放在你的必经之路上。

在货架上跟人们的视线平行的地方放什么商品？放贵重的、体积小的。最下面放更重的、体积大的，最上面放便宜的、打折的。

为什么要这么细心地观察超市呢？因为购物是 21 世纪最后的公共活动。超市是由经济学家、心理学家、设计师和社会学家共同打造出来的。[1] 何志森说，超市就是城市，你甚至可以把超市理解为"超级城市"的缩写。

为了锻炼学生的观察能力，何志森有时候会给他们布置一些听起来很"变态"的作业。比如，他让学生早上起来到菜市场跑步。为什么要这样做呢？

何志森说："因为跑步的时候和走路的时候观察到的东西是不一样的。"

"你的学生观察到了什么？"

他耸耸肩，无奈地说："什么也没有观察到。"

"那你又在菜市场观察到了什么？"

何志森诡秘地笑了一下："你明天跟我一起去菜市场走走，自己观察一下吧。"

菜市场小贩的手

第二天，我们到了广州市越秀区东山口的农林菜市场。

一进门，是卖早点的铺子，有几位摊主或站或坐，正在吃米线。左边是何妈拉肠，右边是东北大饼。卖鱼的摊子上摆的有马头鱼、红目鲢、桂花鱼、巴浪鱼、脆肉鲩、石斑鱼、鲫鱼，一条条鱼静静地躺在碎冰块上。有卖鳄鱼肉的，有卖甲鱼的，还有卖青蛙的，青蛙是活的，在丝网里拼命挣扎。一块砖头上密密麻麻地爬着很多小蝎子，小蝎子是用来煲汤的。鸡蛋码得整整齐齐：草鸡蛋、乌鸡蛋、土鸡蛋。放养土鸡蛋7块钱一斤，华农放养土鸡蛋11块钱一斤，湘湘五谷蛋10块钱一斤，从化初生土鸡蛋12块钱一斤。石磨豆腐4块钱一块，上面工工整整地刻着字，有的刻着"山"，有的刻着"水"。蔬菜洗得干干净净，嫩得能掐出水。虽然时时都有顾客过来挑挑拣拣，把原本摆得错落有致、五颜六色的水果弄乱，但水果小贩马上就会让它们恢复原样。卖调味品的货架上摆着十几种不同品牌、不同口味的酱油。买菜的人有的拎着包，有的推着自行车，车筐里放着刚从医院取回来的核磁共振照片。

何志森指给我看，在很多菜摊头顶上的招牌处，一边挂着营业执照，一边挂着一张摊主的手的照片。这是何志森的学生马增锋的创意。马增锋到菜市场观察生活，一上来就找小贩聊天，直接被人家轰走了。于是，他就坐在旁边画这些小贩，慢慢地人们都过来围观，啧啧称赞："画得真像啊，能给我画一张吗？""艾云尼"台风来的时候，整个菜市场都被淹了，马增锋不走，他帮着小贩一起搬冰箱。马增锋用了三个月的时间，拍摄了菜市场108位摊主的手。每一双手的背后，都有一个故事：蔬菜摊摊主的手，干燥而带着泥土的痕迹；肉摊摊主的手，油腻又挂着丝丝缕缕的刀伤；海鲜摊摊主的手，透出一股又咸又腥的海洋的味道。其中有爱漂亮的手，有做着大学梦的手，有为照顾家人而转行的手，有爱打麻将的手，有担心女儿高考的手，有20年婚姻美满的手……

广州农林菜市场"丈母娘"的手
图片来源：猪肉姨

广州农林菜市场梅阿姨的手

何志森给我看其中的一张照片："你注意到这位阿姨的手上写着一个数字吗？她是个文盲，每天把卖得的钱写在手上。那个数字是800。她这一天卖了800块钱。"

何志森赞叹不已："这些小贩真的很有正能量。他们每天只睡4个小时，但觉得自己非常幸福。跟他们聊天的时候，他们经常会说，你们不要觉得我们辛苦。我们也能挣钱的，只要有这个摊位，我们就能把孩子送到广州最好的学校上学。"

我问何志森："你在菜市场观察到了什么？"

他想了想，说："能量。这是一种在艰难的环境中求生存的能力，一种迅速利用机会萌芽的能力。这就是自下而上的力量。"

自上而下和自下而上

让我们回到一个最基本的问题：是什么力量推动了城市的生长？

从经济史的角度看，这个问题很简单。虽然战争带来了城墙，宗教带来了神庙，但经济史学家认为，城市是交易集中到一定程度之后的产物。著名历史学家、法国年鉴学派的代表人物费尔南·布罗代尔曾说过，没有市场就没有城市，同样，没有城市就没有地区性和全国性的市场。城市普及了市场。他坚持认为，不管在时间上和空间上处于什么位置，"一座城市总是一座城市"。[2] 他的意思是说，城市必定要说同一种基本的语言：城市生活要得到农村持续不断的支援，要从四面八方汇聚人力，城市形成了一个网络体系，每个城市都要与城郊和其他城市保持联系。从长时段来看，交易是推动城市发展的最主要的力量。城市的发展是自发的，城市的空气是自由的。

但是，中国在过去二三十年经历的城市化是一种极其独特的自上而下的城市化。自中华人民共和国成立以来，由于城乡分隔，城市化始终处于被压制的状态。中国真正的城市化是从20世纪90年代之后才开始的。最早的城市化是人口的城市化，90年代初期大规模农村人口流入城市。随后，城市化蜕变为土地的城市化。到了90年代后期，一方面出现了住房制度改革，没有人给你分房了，你只能去买房，另一方面，大规模的城市基础设施建设开始动工，中国变成了一个巨大的工地。

这是一种自上而下、政府主导、飞速发展的城市化：政府低价收购农民的土地，然后把这些土地卖出去，卖地的收入成了地方政府的主要收入来源。政府利用卖地的收入，以及用土地作为抵押获得的贷款，进行大规模基础设施投资，修路、修机场、修地铁、造新城、建开发区、搞"特色小镇"。房地产商买到土地便着手盖房，盖完房卖房，以此获得盈利。买房的人，有的人是为了居住，有的人是为了投资，在房价飞涨之后，还有人买房是为了投机。短短二三十年的时间，这种奇特的城市化模式已经成为一种惯例，似乎城市化天生就应该如此。

2018年，我们观察到一些信号。这些信号表明，自上而下的城市化已经无法持续。

第一个信号是土地的流标。往年在土地拍卖的时候总会出现一掷千金、举座皆惊的"地王"。2018年没有"地王"了，取而代之的是土地流标现象增加。中国指数研究院提供的数据显示，2018年1—8月，全国300个城市共流标890宗地块，这是近年来从未出现过的现象。一线城市合计土地流标13宗，其中7宗在北京；2017年同期，一线城市经营性土地流标仅4宗。二线城市合计经营性土地流标 238 宗，2017 年同期为 106 宗，同比上涨超过 125%。与此同时，土地成交价格上涨的速度也陡然回落。截至 2018 年 9 月，85% 的城市土地成交溢价率出现下调，三个季度全国住宅用地零溢价成交地块占总成交宗数的 59.2%。

第二个信号是很多标杆性的房地产企业纷纷改名。一向号称是房地产界"先知"的万科去掉了公司名字中的"房地产"三个字。2012 年万科就预测房地产市场已经从黄金时代进入白银时代。如今，万科更是提出：最高目标是"活下来"。预感到风向变化的不仅有万科，保利、龙湖、万达、合景泰富、时代中国、朗诗绿色也都悄悄地拿掉了公司名字中的"房地产"等字样。不知前路何方的房地产商在风中凌乱：恒大要造汽车；碧桂园既要养猪又要造机器人；招商蛇口要造邮轮。

第三个信号是收缩城市。清华大学建筑学院副教授龙瀛和首都经济贸易大学城市经济与公共管理学院副教授吴康等研究城市的学者在 2018 年发布了自己的研究报告，他们考察了 2000 年以来中国城市化的演变特征。[3] 你可能没有注意到，虽然所有的城市在做规划的时候都想进一步扩张，但现实情况是：<u>城市不会总是扩张，有的城市已经开始收缩</u>。表征收缩城市的最重要指标就是城市人口下降。一想到城市收缩，人们就会想到房价下跌、经济下滑、民生凋敝。我稍后会告诉你，这是一种过于简单的误读。收缩城市并不都是传说中的"鬼城"。"有幸"上榜收缩城市名单的，不仅有山西吕梁、甘肃定西、内蒙古乌兰察布这些内陆城市，还有广东东莞、浙江义乌这些沿海发达城市。收缩城市在东北地区、长三角和珠三角已经成片出现。在城市化的过程中，有城市扩张，自然就有城市收缩。欧美国家是在20世纪80年代产业转型的时候关注到这一现象的。比如，美国东北部的五大湖区曾以钢铁业和制造业著称，底特律、扬斯敦、匹兹堡……这些曾经显赫一时的城市经历的收缩比中国的城市严重得多。在中国，"收缩城市"这个趋势并非是从2018年才开始出现，但人们大约是在2017年才突然意识到这种现象并开始感到恐慌。从2017年下半年，各个城市之间展开了"抢人大战"，西安、武汉、成都、南京等二线城市纷纷推出了吸引高校毕业生落户的优惠政策：人口压力真的来了。

在特定的时期，城市是可以在自上而下的力量的推动下加速发展的，但在漫长的演化过程中，城市的发展是要自下而上慢慢生长起来的。只有在城市大规模扩张突然放慢之后，我们才能注意到这种自下而上的力量。这种力量长久以来一直存在，只是被掩盖甚至被压制了。

在这一章中，我要带你到东莞、义乌、上海等城市，去寻找这种自下而上的力量。你会看到：

自下而上生长起来的城市更具多样性。一个城市基层的根系越深越广，城市的发展经验就越丰富，出现基因突变的时间就越早，就越容易形成一种"多核"的新物种。未来的都市圈不会再是过去的"单核城市"，而是一种"多核城市"。

自下而上生长起来的城市抗风险能力更强。在外部环境发生变化的时候，基层网络越广阔的城市，越容易快速地形成反应机制，因此也越容易进行自我迭代。2018 年，我们已经观察到了类似的迭代：一部分城市已经实现了自下而上的"精明收缩"。换言之，尽管城市的规模缩小了，但毫无衰败的迹象，而是变得更加精干、健康。

自下而上生长起来的城市甚至会更美。你可能认为，自下而上的生长是混乱的、无序的。但是在 2018 年，我们观察到，这种自下而上重塑城市的力量反而对美感有更强烈的渴望。基层的力量更容易获得互联网等新技术的赋能，它们更有活力，更热爱美好的东西。在城市的每一个角落都有一个个店铺、一个个市民的审美表达。重塑城市的人，重塑的是属于自己的美好生活。这是一种遏制不住的力量。

简单地说，一个有生命活力的城市必须像个菜市场，不仅是因为在菜市场里能够真正体会到烟火尘世的人情味，还因为在熙熙攘攘、嘈杂拥挤的菜市场里隐藏着一种混乱背后的秩序。我们要去理解这种秩序，把它破译出来。

单核城市和多核城市

万科集团高级副总裁张纪文教了我一组概念：单核城市和多核城市。

在张纪文看来，中国的房地产行业发展速度太快了，我们用了30年时间走完了其他国家可能要用100多年才能走完的路。城市规模变得越来越大，准备好吧，未来可能会出现5 000万人口甚至上亿级人口的城市。这样大规模的城市，形态一定和过去的城市不一样。

过去的城市是什么样的？张纪文说，过去的城市是单核城市，城市主要的功能都集中在中心区域，然后从中心区域向外扩张。你可以想象，这样的扩张是有限度的，城市规模一旦过大，就会导致效率的下降。那怎么办呢？一种思路是在大城市的周围建卫星城，但这会让城市内部的交易效率下降。打个比方，原本是一群人挤在会议室里，领导觉得太拥挤，但如果把手下都打发到其他楼层的办公室，他们跟领导汇报工作就要来回跑，结果更费事，效率更低。问题出在哪里？不是出在办公室的布局，而是公司内部的决策机制和组织结构需要调整。太集权了就要分权，过度中心化了就要去中心化。

所以，未来的城市会变得更扁平化，没有单核，没有中心，是一个多细胞的平台。换句话说，<u>未来的城市是多核的</u>。这使我联想到英国生物化学家尼克·莱恩在《生命的跃升：40亿年演化史上的十大发明》一书中讲到的,"从简单细胞到复杂真核的转变,是我们这个星球上最重要的一次转变,没有之一"[4]。细菌就是单细胞,从最早有了生命以来,地球有30亿年都是细菌的天下。细菌虽然简单,但影响巨大:细菌带来了地球上的氧气;细菌使海洋深处充满了硫化氢;细菌氧化了大气中的甲烷,带来了第一片雪花。但细菌始终还是细菌,没有什么比细菌更保守的了。细菌只能自我复制,更为复杂的真核生物却偏爱交换和合作。细菌酷爱秩序,喜欢简单,习惯控制,一成不变。更为复杂的真核生物却是永不停息的实验主义者,它提供了一个新的合作平台。在这个新的合作平台上,细胞可以克服能量的制约,而且能收集并不断地重组DNA(脱氧核糖核酸),这种新的交换和合作看起来更加混乱且无序,却能够创造出越来越复杂、先进的生命,因此才有了后来波澜壮阔的进化之旅。

那么,哪一个城市是多核城市呢?张纪文说:"你可以去东莞看看。东莞从一开始就是一个多细胞物种。"

谁是东莞人?

你在东莞找不到一个真正的东莞人。东莞本地人会自称是厚街人或者是长安人,但不会自称是东莞人。这跟东莞的起源有关,东莞是一个自下而上生长起来的城市。

大约在20世纪80年代,开始有当年的"逃港者"回乡办厂,最早的工厂往往是在各个村的祠堂、会堂或饭堂出现的。到了90年代，工厂开始从村转移到镇，由各个镇规划工业园区。这就形成了东莞的独特格局：东莞不设县，是一个只有市和镇两级建制的特殊的地级市。像这样的城市全中国只有5个。市的下面是镇，各镇自成一体。每个镇都有一个中心区，商业配套服务集中在中心区，工业园区则分布在镇下面的村。东莞流行的一个说法是：市里没有镇里有钱，镇里没有村里有钱。市里有时候会伸手向乡镇要钱，可想而知，自上而下的行政命令就没有那么好使。

一位曾经在东莞市规划局工作的朋友讲了一段往事。当年，他从外地大学毕业，到了东莞市规划局工作，刚到那儿的时候雄心勃勃，一心想要搞规划。局里设计了全市的规划图，兴冲冲地找来各个乡镇的干部开会，给他们讲未来的宏伟蓝图。有一个镇长凑过来看了一眼，对这个规划很不满意，他骂骂咧咧，甩手走了，搞得市规划局的同志非常尴尬。我的这位朋友是外地人，规划局局长也是外地人，他们听不懂东莞话——他们知道这个镇长在骂人，却不知道他是怎么骂的。我问他，后来那个规划怎么样了？他苦笑一下："我搞过十几个规划方案，基本上都没有按方案实施。"

有没有规划可能真的无所谓。东莞的33个镇各有各的特色：虎门的服装，厚街和大岭山的家具，大朗的毛织品，长安的五金模具；以中堂镇为中心兴起了牛仔服洗水印染产业，清溪和石碣发展电子信息，桥头镇是环保包装专业镇。从东莞的一个镇走到另一个镇，就像从一片绿洲走到另一片绿洲：在繁华的镇与镇之间，你会看到一大片散落的村庄。

我问东莞的朋友：你们的市中心到底在哪里？他们面面相觑。有个朋友开玩笑说：东莞的市中心在深圳的福田区。

有的时候，有中心不如没有中心。中山大学的李郇教授是专门研究城市化的。在他看来，不少省会城市反而不如非省会城市有多样性和活力。比较一下广州和深圳、南京和苏州、济南和青岛、沈阳和大连，你就会发现，中心城市好像被施了"魔咒"。只要有中心，就能确定边界。只要有了边界，就会受到边界的束缚。李郇教授说，他总是推荐学生首选去深圳找工作，其次是江浙一带的非省会城市，比如苏州、昆山。他不推荐学生去广州，因为省会城市反而不如非省会城市好找工作，广州几乎只剩下房地产行业了，除非他们想找房地产的工作。

没有中心的东莞反而能够连接整个中国、整个世界。东莞是中国各个城市里小学生数量增长率最高的城市之一。小学教育是义务教育，小学生入学率接近100%，而且小学生数量是"数人头"数出来的，不是抽样调查或估算出来的。想看哪个城市最能吸引人口，可以看城市小学生数量的变化。2008—2015年，全国小学在校人数减少了639万，下降了6.19%，但东莞的小学生数量增加了将近20万，增长了36%。东莞市规划局的同志告诉我们，今后几年东莞还要再建100多所学校。

东莞吸引的大量外来人口中，打工者人数居多。东莞对待打工者的态度谈不上热情，但算得上宽容。每天晚上，在东莞的世纪广场上，你能看到两个不同的群体。很多附近的居民都会过来跳广场舞，中老年人居多。他们的广场舞节奏很快，动作利落好看。旁边是一群十七八岁模样的年轻人在跳街舞，他们有的穿着普通的T恤、短裤，有的穿着宽大前卫的喇叭裤或舞衣。他们跳得很投入，而且动作难度很大。大部分围观群众看得很尽兴，似乎下意识地觉得自己也能下场尝试一下。这些孩子大多是从各个工厂赶过来跳舞的打工者，有时候甚至会有从其他地方，比如惠州，专门赶过来"打擂台"的年轻打工者。这是他们的江湖。跳广场舞的居民和跳街舞的打工者共生共存，他们彼此之间并没有融合，但相安无事。

东莞也是一个收缩城市。一位工友陪我们去逛厚街中心一条繁华的商业街。沿街的店铺有卖衣服的，有卖鞋子的，还有卖金器的。街道上人山人海。这位工友说，如今这里已经不如以前了，以前到了周末，这里"脚尖儿都踩着脚后跟"了。是的，虽然主街上的店铺看起来仍然红红火火，但拐进旁边的巷子，会看到里面的店铺关的关、空的空。

东莞的各个镇或浮或沉，主要看谁的水性更好。那些产业链比较完备的镇，就能够中流击水，而那些依靠外贸和房地产的镇转型就比较困难。

产业链是东莞经济发展的最大优势。在经济全球化出现退潮之后，东莞的产业链也在调整。起初，产业链越拉越长，分工越来越细，在链条上的每一个环节都能长出一群加工企业，其中有很多都是小型的加工企业。这种分工模式发展到一定的阶段，就会导致交易成本的上升。如果一家企业的供应链上有上千家加工企业，那管理起来就会成为企业沉重的负担。新的趋势是：产业链正在变得更加紧密而短促。有竞争力的加工企业会同时承担供应链上的数种甚至数十种相关产品的加工，它们和下单企业之间的合作变得更加紧密。

靠着这种盘根错节的供应链纽带，没有中心的东莞保持了跟整个世界的紧密联系。"收缩"之后的东莞仍然活力十足。2017年东莞的GDP总量为7 582亿元人民币，是海南的1.7倍，是宁夏的2.2倍，是青海的2.9倍。东莞平均每一平方公里土地可以创造出的GDP多达3亿多元，地均GDP超过了广州和厦门，是苏州的1.5倍，是南京的1.7倍。

据说，东莞市正在考虑做新的总体规划，打算建一个中心主城区。我问李郇教授，这样的规划能成功吗？李郇教授略有吃惊地看了我一眼，好像难以相信我会问这么傻的问题。他摇摇头，一个字一个字地说："绝对搞不起来。"

城市新物种

也许，东莞人自己都没有意识到，这个没有中心的城市就是未来城市的新物种。

我们来思考一个问题：随着城市化、交通与通信技术的发展，一个人的生活半径是会扩大，还是会缩小呢？

很多人认为，我们在城市里的生活半径会越来越大。随着飞机、高铁、城际铁路的流行，很可能会有更多的人选择在一个城市居住，而到另一个城市上班，也会有越来越多的人在一个城市吃早餐，然后赶到另一个城市吃午餐。

这是一种误解。哈佛大学经济学家爱德华·格莱泽提出了一个现代都市的悖论：随着长距离运输成本下降，接近性（proximity）的价值反而上升。[5] "格莱泽悖论"的意思是说：城市一体化程度提高之后，城际之间的人流和物流会变得更加畅通，但人们的生活半径很可能不仅不会扩大，反而会缩小。作为一个普通的城市居民，你的工作、社交、娱乐、生活，都可以在方圆几公里的范围之内解决。在城市和城市之间奔波的是为你的生活提供便利的货车，而不是你。你用不着再长途奔波，也用不着每天花上两三个小时甚至更长的通勤时间。

当你坐在从廊坊或固安开往北京的班车上的时候，不要以为你已经加入了某个会影响未来的小趋势。不，不是的，事实上，你正骑在一只恐龙的身上，而恐龙是一种旧物种。

在城市一体化程度提高之后，我们会看到城际通勤不是变多，而是变少了。如果两个城市之间的通勤很多，只能说明这两个城市之间的差距太大。在廊坊和固安找不到好工作，人们才会到北京上班；北京的房价太高，人们才会住到廊坊或固安。如果你住在昆山或杭州，昆山和杭州的工作机会一样多，你可以选择去邻近的城市工作，也可以选择在当地工作，城际通勤反而不会那么拥挤。

中国在未来会出现更多的都市圈，城市一体化程度会进一步提高，但我们可能很难再找到这些都市圈里的中心城市。比如说，粤港澳大湾区的中心城市是哪一个？香港？广州？深圳？都是，又都不是。未来的粤港澳大湾区更像是一个超级的组合城市，或者说，粤港澳大湾区的未来形态更像是一个升级版的东莞。

一个没有中心城市的都市圈，这听起来好像匪夷所思，但如果我们把城市视为一个生态系统，就容易理解了。大自然里是没有狮子王的，每一个物种都有自己在生态圈中的位置。一个大的生态系统是由很多小的生态系统构成的，每一个小的生态系统都自成一体。这样的生态系统才能具备多样性，而只有多样性才能提高生态系统的稳定性。

东莞并不是中国最现代、最发达的城市，它不像北京那样雄伟，也不像上海那样时尚，不像杭州那样妩媚，也不像成都那样休闲。东莞看起来有些旧、有些乱、有些俗。但是，东莞代表着

<u>一种新的城市物种</u>，它已经出现，却仍被忽视。这就好比恐龙和哺乳动物的差异。假如你回到白垩纪时代，你会看到地球上的霸主是恐龙。恐龙的个头更大、跑得更快、更加健壮、更加凶猛，恐龙更适应当时的环境。不过，如果你再仔细去寻找，你会在阴暗潮湿的山洞里面找到一种像老鼠一样大小、胆小又丑陋的新物种。这个像老鼠一样的新物种就是包括我们人类在内的所有哺乳动物共同的祖先。回过头来看，哪一个物种在进化的进程中更有竞争力呢？

未来的都市圈会越来越大，会变成一种升级版的东莞，这将提供一种新的组合城市的合作平台，并保持城市的多样性。但是，如果你去看某一个单一的城市，它很可能不再扩张，而是会收缩。为了更好地应对收缩过程中的挑战，一个城市必须保持足够的开放性。开放性能够帮助一个城市抵御外部风险。哪个城市是"精明收缩"的典型呢？请你跟我一起到义乌去。

林哥

林哥开着一辆价值 100 万元的进口宝马 SUV，但他在义乌没有买房子。林哥一边开车一边转过头来跟我们讲话。他讲话的时候会略抬下巴，眯起眼微微斜着看人，声音很大："我们义乌人都这样。开豪车才能做生意。知道吧？"车的后备厢里放着几个足球，开车的时候，足球在后面晃来晃去，撞得砰砰响。

这是林哥的厂子里生产的足球。他是个 80 后的"企二代"。读大学的时候，林哥学的是计算机，他从来没有想过要接班，但到头来家里一个电话，林哥还是乖乖地回家接管了家里的几个体育用品企业。

我们跟着林哥，亲眼见证了他的一个订单是怎么完成的。这个客户是斯里兰卡人，是跟着一个外贸公司的熟人一起过来的。斯里兰卡商人要订 300 个足球，仿某品牌新款，每个足球的价格是 34 元。其他都好说，但有个小小的麻烦。斯里兰卡商人想让林哥直接把那个品牌的 Logo 印在足球上。林哥说，这在中国是侵犯知识产权的。外贸公司的人和斯里兰卡商人嘀咕了一会儿，最后谈妥了：斯里兰卡商人自己处理商标问题。

林哥朝我们摊摊手，他说他也很无奈。林哥讲道，他还有一个合作多年的印度尼西亚客户，也是一直在卖假货。林哥劝人家不要这么做，他告诉那个印度尼西亚客户："你们现在就是在经历发展的早期阶段，迟早要转型的，为什么不早点转呢？"印度尼西亚客户听了之后心动了，开始尝试卖自主品牌，结果卖不出去，最后只能要求退货。

虽然林哥只有 30 岁出头，但已经有些发福了。他的气质介于青年人和中年人之间：和四五十岁的生意人相比，他显得乐于交谈、风趣活泼；和三十几岁的上班族相比，他又多了几分精明老练。林哥笑起来时眼睛会眯成一条缝，他是个爽快人，几乎有求

第四章　在菜市场遇见城市设计师　| 173

必应。他跟家人聚少离多。林哥的老婆在商贸城打理店面,他在70公里之外的工厂盯着工人生产。他每天早上五六点钟起床,晚上还要有各种应酬。林哥说,有一年他创下了纪录,一年有190多个晚上都在KTV(唱歌娱乐场所)。

林哥一边开车,一边跟我们聊天,一边用车载蓝牙一通又一通地接电话。有问出货日期的,有约饭局的,有谈尾款的。有个客户打电话过来,想跟林哥进一批货,但前面欠的钱还没给。电话里那个人不断地说:"欠你的钱,我真的觉得很不好意思。"林哥说:"既然我都开口问你要了,你还是还上吧。"他一遍又一遍地说:"朋友归朋友,生意是生意。"电话挂断后,车里忽然很寂静,气氛有些尴尬。林哥自己解嘲说,他很少追债,一旦他都开口了,说明事情真的不妙了。

车窗外,夜幕低垂,灯光璀璨。街上车水马龙,奔驰车和电动三轮车混杂在一起,各色小吃、水果摊子琳琅满目。林哥说:"义乌真的不是个生活的地方,这就是个做生意的地方。在我们老家金华,人们见面会问,晚饭吃了什么,而在义乌,大家见面会问,你今天做了多少生意。"

卑微者最顽强

我们为什么要到义乌来呢? 2018年,人们议论最多的就是中美贸易摩擦。这场贸易摩擦犹如笼罩在中国经济上空的雾霾。如果说贸易摩擦真的会对中国经济有致命的打击,那么,最先倒下的应该是像义乌这样的出口城市。可是,义乌却是我们看到的生命力最顽强的城市之一。

掰着指头数一数:劳动力成本上升、原材料价格上涨、环保压力加大、汇率波动严重、国内外竞争对手增多、电商横空杀出,再加上中美贸易摩擦,<u>义乌在过去几年经受的产业转型压力,不亚于任何一个内地(包括东北地区)的城市</u>。我们在各地调研的时候,见多了刚刚修好却没有车跑的公路,曾经繁华却日渐凋敝的工业园区,外表光鲜却无人问津的特色小镇,店铺纷纷撤走后空空荡荡的商场。为什么义乌比别的城市遇到的挑战更多,我们却看不到义乌"陷落"呢?

当然,你在义乌也能看到从热闹到萧条的场景:商铺价格下降,前几年一个9平方米的商铺能卖1 300万元,现在只能卖出一半的价格;以前只做批发的商家,现在也开始接零售。林哥一笔单子只卖了300个足球,但他也不会挑肥拣瘦。当地人也感觉义乌这两年人流量少了很多,可能减少了有1/3。

义乌最风光的日子是从20世纪90年代初到2008年。那时候,客户要揣着现金来结账,喇叭里喊着谁谁谁家到货了,听到以后再去抢就已经没了。第一批在义乌做小商品生意的都是本地人,他们非常能吃苦,也挣到钱了。但是,他们的下一代就不怎么愿意做这些生意了,很多本地人转为靠收租过日子,有的光靠

第四章 在菜市场遇见城市设计师 | 175

收租一年就能收入几十万元。如今,在义乌做小商品生意的大部分都是像林哥这样的外地人。

时代不一样了,经营者也换了一茬,但义乌这座城市仍然充满了生机。我们在著名的义乌国际商贸城参观时,几乎看不到空商铺,很多店一看就是已经在这里经营了很久。当地著名的三挺路夜市,如果有人退租,过不了几天就会有人补上,一样热热闹闹的。义乌是中国城市中实现"精明收缩"的少数代表,也就是说,虽然义乌的人口规模不如以前,但通过产业转型,仍然能够保持活力。更有意义的是,义乌之所以能够实现"精明收缩",不是靠政府出手救援,而是靠自下而上的力量自救。

我们一路问各个店铺的老板:中美贸易摩擦对你们有影响吗?通过他们的回答可以发现,中美贸易摩擦对义乌冲击不大。义乌生产的都是薄利多销的日用品,再怎么产生贸易摩擦,日子不总要过吗?比如,全世界2/3的圣诞节用品都来自义乌。美国家家户户都要用到的圣诞树挂饰和饰灯,90%以上是中国制造。没有义乌出口的产品,美国人怕是过不好圣诞节吧。

义乌老板是见过世面的,他们曾经比国际政治学者更准确地预测出2016年特朗普会当选美国总统,因为他们拿到的支持特朗普的旗子订单是支持希拉里的旗子订单的10倍。那么,特朗普2020年还能连任吗?义乌老板的预测是:特朗普2020年不会连任。虽然距离2020年美国大选还有两年,但支持特朗普的旗子订单已经到了。遗憾的是，现在一年的订单数量，还不如特朗普上台前一个月的量。义乌老板会告诉你，对他们影响更大的是美国对伊朗的制裁、土耳其里拉贬值。他们不仅对各国的政治局势如数家珍，而且提前半年就知道了 2018 年英国哈里王子和梅根王妃大婚的消息。2018 年的世界杯在俄罗斯举办，当我们还在熬夜看球的时候，义乌老板已经在做法国冠军纪念币了。

这不是义乌第一次遇到挑战。当实体行业不好干时，也曾有义乌的企业改行做房地产、投资金融。但结果证明，<u>在义乌的企业中，那些改行做房地产、投资金融的反而死得更快，那些坚持做实业的成了传奇</u>。在义乌流传着一家吸管厂和一家拉链厂的故事。有一家生产吸管的企业叫双童日用品有限公司，这家企业平均每天要生产近 2 亿根吸管。全中国 3/4 的吸管都是由这家企业生产的，它拥有全球吸管行业 2/3 的专利，每年光靠卖吸管就能赚 2 亿元。但是，这家企业从来不追求规模扩张，甚至甘愿放弃大客户，基本不再接麦当劳、肯德基这些大企业的订单，只专心服务小企业，比如小超市、咖啡馆和奶茶连锁店。另一家企业叫伟海集团，专门生产拉链，曾经是中国最大的拉链生产商，占据国内 1/3 的拉链出口份额。伟海集团也曾想做成一家百年企业，但最后还是没能抵御做房地产的诱惑。全球金融危机没有打垮这家企业，但房地产市场把它拖垮了。2018 年，伟海集团的资金链断裂，资产被拍卖，企业被托管重组。义乌的企业家从中得出的共识就是：要踏踏实实做好品牌，不求做大，只求做强。在义乌几乎找不到一家大型企业，能登上排行榜的义乌富豪也屈指可数，义乌多的是像林哥这样的"蚂蚁商人"。义乌在全球市场都赫赫有名，但它只是一个小小的县城。这是一个低调得不能再低调的地方，吸引了一群最草根的企业家。千万不要小看这些"蚂蚁商人"：小的是美好的，小的是灵活的，小的可能是"隐形冠军"。

中美之间的贸易摩擦对义乌的小企业有影响吗？没有，因为美国其实连义乌出口目的国的前10名都排不上。信贷紧缩对义乌的小企业有影响吗？没有，因为这些小企业原本就没有办法从银行贷到款。在一次关于环保督查的座谈会上，我冒冒失失地问一个小企业主：你们的日子是不是比原来更不好过了？那个小企业主瞪了我一眼：小企业什么时候有过好过的日子？

答案有了。义乌之所以能够具有如此强大的抗风险能力，一是因为义乌的企业更为务实，它们总是会把风险考虑进来。为什么美国在义乌的出口目的国排名中连前10名都排不上呢？这跟生产吸管的双童公司的决策是一样的：哪怕你是最财大气粗的主顾，我也不会让自己受制于你。二是因为义乌的企业更重视分散风险。<u>义乌的企业善于在市场的夹缝中求生存，通过强大的信息渠道相互交流、高效地试错</u>。经济形势越是寒冷，义乌和全球经济拥抱得越紧。在全球市场上，义乌商人和他们的合作伙伴形成了一个紧密联系的网络，就像四通八达的神经系统，能对市场上的变化迅速做出反应。三是因为义乌的企业不求天，不求地，只靠自己。这种在逆境中锻炼出来的生存能力才是最为强大的。

卑微者最顽强。他们最大的优势就是从来没有受到过重视。上天只帮助能够自助的人。

精明收缩

扩张的城市都是相似的，收缩的城市各有各的收缩。

有的收缩城市会采取"再增长模式"。也就是说，这些城市试图用各种办法增加投资、吸引人口，企图逆转收缩趋势。20世纪八九十年代，底特律尝试过"再增长模式"，但失败了。虽然城市已经衰落，底特律还是一味地盖更多的楼，修更多的路，企图吸引更多的人口。当时，底特律市政府决定在市中心修建一套全新的公交系统，建造了一条连接各个主要站点的单程有轨电车，但由于乘客太少，一直入不敷出。2013年，这座城市最终宣布破产。

有的收缩城市会出现"震荡收缩"现象。也就是说，这些城市一度看起来好像实现了产业转型，但很快再度陷入危机。阜新是出现"震荡收缩"现象的代表城市。辽宁省阜新市曾经拥有亚洲最大的露天煤矿和亚洲最大的发电厂，但在2001年，它被国务院正式认定为全国第一个资源枯竭型城市。阜新痛切地感受到城市衰败的根源是过分依赖矿产资源。于是，在过去10多年，阜新坚定地走上"工业兴市"的发展道路，但工业也无法拯救阜新，这座东北的城市很可能再一次陷入衰退期。

只有少数收缩城市能够实现"精明收缩"。也就是说，这些城市虽然规模收缩了，却没有凋敝，相反变得更有活力、更加宜居。俄亥俄州的扬斯敦曾经是美国四大钢铁城市之一，但其2010年的人口下降到了1960年的一半。扬斯敦老老实实地承认，我们的城市在收缩，不过没有关系，我们的目标改了，我们要做一个更好的小城市。于是，扬斯敦把很多不可能再有人住的住宅拆掉，改造成公园绿地，不再发展工业，改为吸引高科技企业，用量的收缩换来了质的提高。

根据清华大学副教授龙瀛的研究，2000—2010年中国有180个城市的人口密度在减少。首都经济贸易大学副教授吴康注意到，从第五次人口普查到第六次人口普查期间，中国许多城市都调整了行政区划。这些城市把周边地区并入城区，造成人口密度下降，但这些城市实际上并没有收缩。他剔除了进行过行政区划调整的城市，最后发现，2007—2016年，中国有84个城市出现了人口收缩。

义乌或许可以作为"精明收缩"的一个城市样本。义乌之所以能够实现"精明收缩"，是因为它保持了开放性。怎样避免人口规模急剧缩小呢？只有靠不断吸引更多的外来人口。怎样才能在吸引外来人口的同时保持和谐安定的社会秩序呢？只有靠不断地营造一种包容、自由的城市气氛。怎样才能以最快的速度发现潜在风险,及时转型呢?只有靠对外开放带来的庞大、密集的信息网络和高效、及时的反馈机制。

义乌被称为"没有围墙的城市"。这里的本地人口有60多万,外地人口有200多万,还有2万多名外国人。在国际商贸城,随处可听到英语、法语、俄语、韩语、西班牙语、葡萄牙语等。义乌面向外国人的汉语培训令人印象深刻。一群肤色各异的外国人坐在教室里,跟着中国老师喊:"多少钱?""太贵了!""便宜点儿吧!"三挺路夜市里也能见到很多外国人。有个外国小哥,看起来跟摊主已经很熟了,还拿竹棍帮忙顶塑料棚,把棚上的雨水抖出去。咖啡馆里有很多中东面孔坐着抽水烟。假如有一天火星人来到义乌,义乌人的第一个想法肯定是,问问火星上有什么生意可做。

义乌对中国的城市化进程有什么启发呢?义乌所经历的收缩,是中国的城市化迟早要经历的收缩。虽然中国目前只有不到100个收缩城市,但是,一旦一个国家基本完成城市化进程,它的城市就会收缩,除非能吸引足够多的移民或有足够多的婴儿出生来平衡死亡人数。日本、俄罗斯和韩国都已经遇到这种严峻的挑战。联合国预估中国的城市人口将在2050年出现下降。很快,中国也会经历这一切:各个城市会激烈地争夺不断减少的人口。到那个时候,中国的各个城市能不能保持足够的开放性,将是关系到它们兴衰成败的最关键因素。

义乌是中国最包容、全球化色彩最浓厚的城市。这种开放性有助于义乌顺利地实现"精明收缩"。但是,影响未来的因素不仅仅是全球化,我们不能忘记技术变革的作用。在技术变革的时代,一个城市如果想要保持活力,就必须有源源不断的创造力。我们会关注创造力的一个方面:与美好生活有关的创造力。

我们的下一站是上海。

DNA Café

两杯饮料被送到桌子上时,我的研究助理发出了一声惊叫。她马上拿出手机,对着自己的那杯饮料拍照。

她的那杯饮料是花语杯。杯套一半是粉色,一半是绿色,杯子上面是一团绽放的鲜花,有大丽花、玫瑰、石竹,还搭配着一些别致的绿色植物,淡浓相宜。一根金属色的吸管从花丛中伸出来。这是一杯带果香味的特调苏打饮品。我点的是一杯曼特宁手冲咖啡,端上来的是浩浩荡荡的"四件套":黄铜色尖嘴长柄土耳其小壶、盛牛奶的弧形玻璃杯、圆锥形玻璃咖啡杯,一碟白色的砂糖上点缀着绿色的薄荷叶。用土耳其壶盛放手冲咖啡,据说是欧洲最传统的给客人煮咖啡的方式。

DNA Café 的创始人王柯翔坐在我们的对面,他得意地笑了。

王柯翔说:现在的年轻人已经不愿意去逛街了,他们更像是"探索者"。他们要是买日常用品,就到楼下的超市,或是在网上

DNA咖啡的"花语杯"
图片来源：DNA Café & More

下单。但是，他们会为了新奇的体验专程出来探索，然后拍照发朋友圈，这对商家来说就是免费的营销。

怎样才能吸引年轻人来"探索消费"呢？王柯翔把年轻人"探索消费"分为4个场景：消费前是好奇、看见后是惊喜、消费中是高潮、消费后有回味。好奇就会寻找，惊喜就会拍照，高潮就会给好评，回味就会推荐——不，用年轻人的话讲，这叫"种草"。一个消费者发自肺腑的赞美，能够在更多消费者心中种下疯狂生长的购买欲的草种。

  东亚的年轻人更习惯这种"探索消费"。"网红店"流行的原因正在于此。面包界的新晋网红是脏脏包，脏脏包就是在牛角包的酥皮上浇一层巧克力，再撒上巧克力粉，看起来脏兮兮，吃完手上脸上也脏兮兮。2018年还流行一种椰子灰冰激凌，其实就是椰子口味的冰激凌，只不过把奶油做成了灰色的，被商家标榜为冰激凌界的"脏脏包"。粉丝效应、排队消费在年轻人中盛行。比如，时兴的奶茶店门口总是排着长队，这在欧美地区很少能见到。王柯翔说，这是因为欧美地区的生活方式已趋稳定，消费者缺乏新奇感，而东亚经济刚刚兴起，年轻人对新奇的事物格外缺乏抵抗力。

  王柯翔2005年从英国林肯大学城市设计专业硕士毕业，2007年回国，2015年在上海老码头开了第一家DNA Café。DNA Café其实不只是一家咖啡店，他们卖的不只是咖啡，更是"新奇场景"。DNA Café的准确名字是DNA Café & More，之所以要加一个More，就是因为他们希望做成一个开放的舞台。咖啡店是帮助消费者记住DNA Café & More的一个"记忆点"，到这里之后，他们就能接触到各种各样的新奇事物。这里有卖花的、有放电影的，还有做烧烤的。DNA Café致力于打造一个小小的创业生态系统。

他们利用自己做场景的优势帮助每一个加盟的创业者,每一个加盟的创业者也要想办法给整个生态系统贡献流量。这是一个快速演化的小生态系统,王柯翔对每个加盟伙伴的要求是,在6个月内必须看到人气和利润的大幅上升。

王柯翔称自己想做的事情是帮助内容创新者找到消费者。这么多年轻人想创业,事实上,找到内容创新者并不难,难在找到消费者。好消息是,现在的大企业也懂得跟着年轻人走了,它们做线下营销时不再只是包五星级酒店的场地,DNA Café 这种年轻化的创意场景更能吸引人。王柯翔说,一开始是一些创新企业到他们的店里做活动,后来,一些传统的制造业企业,比如雷克萨斯、联想和三星也来了。万代游戏过去不屑于做线下推广,如今也在和 DNA Café 合作。他们还曾和皇家加勒比合作过,这家游轮公司把整个咖啡店都布置成了游轮主题。

场景并不仅仅局限于咖啡店里。咖啡店的空间是有限的,但场景的想象力是无限的。DNA Café 还送咖啡,比如,他们给复星集团送咖啡。

我问王柯翔:"星巴克也送咖啡啊。还有一家新兴的创业企业,投入巨资跟星巴克竞争,设计了一个很像洗手液品牌的 Logo,起了个很像房地产公司的名字,叫瑞幸。瑞幸也主打咖啡外卖。你为什么要跟它们竞争呢?"

王柯翔说:"我们卖的其实不只是咖啡。我们会准备一份很漂亮的下午茶套餐，有咖啡、牛角包、甜品，还有鲜花。如果每个人都只端着一杯咖啡，那就是正襟危坐开会的严肃氛围，那是传统的企业管理风格。如今，公司里女性员工越来越多，年轻人越来越多，企业管理层里女性的比例也越来越高。你想想，如果一群女性走进会场，看到这样高颜值的下午茶，一个个发出赞叹，你要是公司的高管，还能再像往常那样绷着脸吗？我们其实是用高颜值的下午茶帮助企业'微团建'。我们用美好的东西软化了管理界面。"

王柯翔说，过去的管理者像是小学老师，学生听你的话是因为你能训斥他们，现在的管理者像是幼儿园老师，孩子们喜欢你是因为你能带他们一起玩儿。

在一个越来越平等的社会里，颜值的话语权将超过权威。一杯衬着鲜花的咖啡，就足以融化等级制度的冰山。

颜值革命

中国的城市正在爆发一场"颜值革命"。

在清华大学建筑学院副教授周榕看来，这是必然要发生的。周榕有一个非常大胆的预测。他说：城市正在从碳基城市转变为硅基城市。碳基空间是跟人类的身体息息相关的实体物理空间，硅基空间则是互联网世界。硅基空间具有虚拟、运算、共享的优势。最初互联网依托城市发展，互联网崛起之后，会让城市出现巨大的转变。周榕说:"硅基文明开始崛起的时代,互联网就是新的城市,而城市就是曾经的乡村,再恋恋不舍,也必须勇敢地踏入硅基空间。因为,它就在那里。"[6]

互联网会怎样改变城市呢?

有一些人预言,未来将会出现智慧城市。互联网会将城市织进一个密不透风的信息网络。你到酒店入住不需要刷身份证,直接刷脸就行。所有的车辆都将实现自动驾驶,并被纳入共享出行平台。城市的每一个角落都有各式各样的传感器、摄像头,它们每时每刻都在收集空气质量、噪声水平、人流车流等信息,城市的管理将完全基于数字化、智能化。

遗憾的是,类似这样的雄心勃勃的智慧城市项目并没有给人们带来更多的幸福感,反而引起了人们对数据管理和隐私问题的担忧。大数据并不是时刻盯着你的"老大哥",互联网只是一个网络,这个网络在更多的时候会充当一个助推器,让各种人群的自发活动成为可能。互联网会颠覆传统的城市空间概念,引发各种小而美的创新活动。

比如,原本在城市黄金地段的步行街和商业中心开始衰落。北京金融街购物中心虽然地处最核心的地段,但每天的顾客都稀稀落落。在其他的城市也能看到同样的场景。长沙黄兴南路步行街、湘潭、株洲步行街都已陷入困境。脱口秀节目主持人王自健曾在他的节目里发问,为什么每座城市都有一条本地人不去的步行街，本地人都去哪里啦？他自己回答说，本地人都在另外一座城市的步行街上。

这是因为受到网上购物的冲击吗？并非如此。线上的流量已经变得越来越昂贵，未来的流量是在线下，城市的核心流量应该就在购物中心和沿街店铺。购物中心能够接纳各种各样的顾客，对顾客的消费水平和客户画像有更精准的把握，理应成为各种面向消费者的企业争夺的流量入口。你会看到，越来越多的企业把展销活动放在购物中心的大堂。街道是人们每天都要路过的，沿街店铺更能获得人们的注意力，因此具有更大的投资价值。但是，为什么很多城市街区，甚至是城市中心地带不如以前热闹了呢？

这是因为它们没有颜值。没有颜值的原因不是它们的建筑不够宏伟、设施不够先进，而是它们太过于生硬和冰冷，没有那种夺人心魄的魅力。你有没有这样的体会：在装修得极为高档的购物中心逛了半天，走累了，却找不到一个可以坐下来休息的地方；在宽阔的大马路上行走，两边全是巍峨气派的地标性建筑，口渴了，却不知道到哪里能找个小店买一瓶矿泉水。城市中心地区的很多菜市场不知不觉都被拆掉了。你早起时有没有遇见过比你起得更早、天不亮就坐车到城外买新鲜蔬菜的老头儿老太太？

颜值主要看气质，而这种气质来源于内心里对生活的热爱。过去，城市的空间都遵循着一种刻板的等级秩序，在这种等级秩序中，你很难找到让你怦然心动的美好事物。城市原本有着严格的空间秩序，中心区是中心区，外围区是外围区。沿街是旺地，内街小巷是死角。"位置、位置、位置"一直被称为房地产的"金律"。互联网出现之后，这种传统的空间秩序一下子被打乱。在中心区装修豪华的沿街铺面可能无人问津，犄角旮旯的内街小巷里也可能冒出一个生意爆棚的小店。过去在郊区几近荒弃的别墅，现在也突然多了很多生活气息。这些别墅摇身一变，成了民宿、美容院、小茶馆、培训班、艺术工作室。

这些新兴的偏僻小店是怎样吸引顾客的呢？人们是在朋友圈里看到别人晒出来的店面照片，或是在大众点评网上搜索到这些店的。人们可以用滴滴打车，或是坐地铁、骑共享单车摸进小巷。找不到方向？那是不可能的，每个人的手机里都有GPS定位的地图导航。

在互联网时代，每一个人、每一家店都有成为网红的同等的机会。再回到我们在第一章里讲到的小趋势。如今，小众才是主流。不同的人群有不同的审美观，你不能用一种统一的标准定义，但你可以遵循一条清晰的主线去寻找：越是在自下而上的力量得到尊重、得到赋能的地方，对颜值的追求就越强烈，美好的东西就越容易受到追捧，就越容易在混乱中涌现出秩序。

那么，沿着这条主线去寻找，什么样的城市更容易在这场颜值革命中获益？一个城市里的哪些区域更容易在这场"颜值革命"中获益？

高和资本的董事长苏鑫专门致力于城市更新。在他看来，上海的机会比北京更多。从城市体验和宜居性来看，上海本来就优于北京。他打开自己手机上的百度地图给我看，在一个很小的区域内密密麻麻地分布有100多个"点"，这都是他和客户或者同事相约谈事的地方，而在北京这样的选择很少，以星巴克、咖世家为主的连锁咖啡店太吵，不适宜交谈，个性化、较安静的咖啡馆又往往找不到合适的地方"落脚"。上海的街道更加狭窄，走在街道一边可以清楚地看到对面的商铺。因此，上海的商铺是能够服务于街道双向的行人的。北京呢？过一条主马路比登山还难。有家奶茶店叫"一点点"，在上海、杭州等地非常火爆，在上海开了300家分店，但在北京就是做不起来，只开了5家分店，原因可能就是和北京沿街商铺不发达有关。

<u>一个城市中的老城、旧城和城中村可能更容易在这场"颜值革命"中获益</u>。互联网会减少它们在硬件上的劣势，通过技术为这些生活气息更加浓郁的地方赋能。这些地方就像菜市场一样，看起来混乱，其实更有秩序。这种秩序不是城市规划师规划出来的，而是普通的居民在日常生活中创造出来的。

我来告诉你几个在最意想不到的地方出现的美。何志森带着我们去看一个居民小区边上的街心花园。那个街心花园真小啊，连个跳广场舞的地方都没有。这个街心花园的常客是一群坐在轮椅上的老年人，他们没有别的事情可干，就坐在那里看来来往往

的行人。何志森的学生在花园里的榕树上挂了很多彩带。这些普普通通、五颜六色的彩带随风起舞,上下飘动,老人们出神地望着这些彩带。几根彩带,就能给寂寞的老年生活增添一丝亮色。

有一次,我在北京坐出租车。出租车司机跟我聊天,先是抱怨外地人不好,"该回哪儿回哪儿去啊,全走了北京就清静了"。停了一会儿,他又接着抱怨:"最近菜市场也不知道都搬哪儿去了,我都得开车到城外买菜。"北京没有菜市场了吗?有。我一直跑到五环以外,在北京东南角的亦庄找到了一个不大的菜市场。菜市场的地面用水泥铺就,高低不平,有些地方还铺着碎石子,每个摊位上都搭着红色的顶棚。市场虽小,货品却十分丰富,卖菜的、卖肉的、卖日常用品的。来买东西的大多是老人家。一个卖下水道疏通剂的摊主绘声绘色地给前来围观的老人讲解产品的优点和用法,卖电动剃须刀的摊主则热情地给一个老人刮了胡子,并且询问他的使用感受。隔着一条马路就是一家超市,但超市里就萧条很多。在超市买东西也不方便,不管你是买一把鸡毛菜还是买几根葱,都得和买了一堆日用品的人一起在结账处排队等候。这个超市存在的最大价值是,菜市场里的商贩和顾客一旦有急,都来超市一楼的厕所方便。一个简陋的菜市场,就能给周围居民的日常生活带来便利。

那么,我们会看到这种自下而上的力量找到适宜成长的土壤吗?我是比较乐观的。

如果还是过去的城市化思路,我们是乐观不起来的。很多城市主政者、城市规划者都不喜欢老城、旧城和城中村,因为这些地方看起来混乱无序。他们喜欢把城中村一拆了之,用崭新的高楼替换原有的社区。这种改造模式割裂了居民和原来的生活空间的联系。熟人社会被摧毁之后,甚至会出现人性的倒退。比如,有的农民搬到回迁楼之后找不到地方烧纸钱,就在马路上烧,还有个别农民拿到拆迁款不知道怎么花,赌博输光了就骑摩托车去抢劫。

但是,城市主政者和规划者的理念也在慢慢地改变。一个有意思的现象是,虽然城市规划者大多偏爱钢筋水泥结构的现代化建筑,但他们也慢慢地学会了在城市里建湿地公园,并逐渐意识到,看似平淡无奇、原始风貌的湿地,其实是生态系统中的重要组成部分。城市中的湿地公园可以保护物种多样性,保护水源,净化水质,调整二氧化碳的比例,改善周边的气候环境。这种观念的转变给了我们一点儿信心。我们希望,城市主政者和规划者很快也能意识到:一个城市中的老城、旧城和城中村蕴含着一种持续演进、自我繁殖、自我更新的能量,它们也是保护城市发展的"湿地"。

在广州的时候,我们去了天河区珠江新城的猎德花园。这里原来是猎德村,拆迁后变为占地8 000平方米的猎德花园小区。原来村里的宗祠也在小区西侧被重建,有李氏宗祠、梁氏宗祠、麦氏宗祠。虽然重建的宗祠很新，门前的场地很开阔，但没有任何板凳之类的可以供人们坐着休息或者聚在一起聊天的地方。这个小区的绿化做得很好，每几栋楼封闭在一起管理，到处都是绿化带和铁栅栏。北侧出来不远处有一个街心花园，应该是设计给小区居民散步或跳广场舞用的，但它离居住区太远了，如果老人腿脚不便，可能很难走到这边来。

距离猎德花园不远，还有一个叫作南雅苑的小区。这是个典型的还没有拆迁的城中村。楼房看起来有点老，树木长得很高大。小区里随处可见长椅，买菜回来的一对老人拉着手坐在一起歇脚。居民楼的一层开着各种小店，有送水站、牙科诊所、理发店、服装店、会计培训班等。小区里有一家手工皮包制作店，墙上挂着各种各样的工具，两个妙龄女子正在店里学习制作皮包。还有一个摆满了书架的美容店，名字非常新潮，叫"时光交易所"。在一个拐角处，开了一家咖啡店，原木色调装修，一个看起来有点像张国荣的男孩坐在露天的阳台上，守着一杯咖啡发呆。

==人为拆迁的新城就像被移植的大树，自我更新的老城才是生生不息的森林==。移植的大树会被台风刮倒，扎根乡土的大树则枝繁叶茂。无数个像南雅苑一样的社区，没有受到关注，也没有受到干扰，春日葳蕤，秋季皎洁，它们一直在静静地生长。

永远不要低估人民群众自己创造美好生活的能力。

城市颜值革命

互联网会引发各种小而美的创新。
一个城市中的老城、旧城和城中村可能更容易在这场"颜值革命"中获益。
它们蕴含着一种持续改进、自我繁殖、自我更新的能量，它们也是保护城市发展的"湿地"。

看点 04

碳基城市和硅基

最初互联网依托城市发展，互联网崛起之
会让城市出现巨大的转变。城市的空间格
"位置、位置、位置"的房地产"金律"不再

自上而下和自下而上

中国过去的城市化是自上而下、飞速发展的，
这一模式已经不可持续，自下而上的力量浮出水面。

单核城市和多核城市

过去的城市是单核城市，未来的城市是多核城市。
多核城市是一种新的城市物种，未来的都市圈都是组合城市，
都是多核城市。

收缩城市

2007—2016 年，中国有 84 个
那些保持开放
性的城市，才能更好地实现"

收缩城市

2007—2016 年，
中国有 84 个城市出现了人口收缩。
只有那些保持开放性的城市，
才能更好地实现"精明收缩"。

格

下降，接近性的价值反而上升。
一体化程度提高，城际之间的人流和物流
城市居民的生活半径会缩小

城市颜值革命

互联网会引发各种小而美的创新。
一个城市中的老城、旧城和城中村可能更容易在这场"颜值革命"中获益。
它们蕴含着一种持续演进、自我繁殖、自我更新的能量，
它们也是保护城市发展的"湿地"。

格莱泽悖论

随着长距离运输成本下降，**接近性**的价值反而上升。
这意味着，随着城市一体化程度提高，城际之间的人流和物流会变得更加畅通，
但城市居民的生活半径会缩小。

碳基城市和硅基城市

最初互联网依托城市发展，互联网崛起之后，
会让城市出现巨大的转变。
城市的空间格局出现了巨大变化，"位置、位置、位置"的房地产"金律"不再适用。

注　释

1. Jeffrey Inada, Rem Koolhaas, Sze Tsung Leong. The Harvard Design School Guide to Shopping[M]. New York：Taschen, 2002. 库哈斯（Koolhaas）是当代著名的建筑大师，中央电视台的新楼就是由他设计的。
2. 费尔南·布罗代尔. 15 至 18 世纪的物质文明、经济和资本主义：第一卷[M]. 顾良，施康强，译. 北京：生活·读书·新知三联书店，1992.
3. 杨海. 当城市不再长大[N]. 中国青年报，2018-03-21（9）.
4. 尼克·莱恩. 生命的跃升：40 亿年演化史上的十大发明[M]. 张博然，译. 北京：科学出版社，2016.
5. 爱德华·格莱泽. 城市的胜利[M]. 刘润泉，译. 上海：上海社会科学院出版社，2012.
6. 参见周榕的得到大师课"互联网文明怎样改变城市"。

第五章
阿那亚和范家小学

2018年,我们听到了很多负面的社会新闻:米脂杀人、衡阳撞车、高铁霸座……这个社会变得越来越糟糕了吗?其实这是一种误解。虽然从表面上看,有些人只关心自我私利,但大家对集体生活的向往并没有泯灭。中国人已经意识到,只有重建集体生活,才能更好地发现自我。我看到的第五个变量就是:重建社群。有哪些地方的人们正在"凝结"起来,形成新的社群?这些新的社群只是孤岛,还是将成为群岛?培养孩子也需要一个社群。我会带你到一所偏僻的农村小学看看。2018年,我找到的中国教育理念最先进的小学不是北京或上海的名校,而是山区里的一所农村小学。你不必吃惊,社会发展的剧情经常会有令人意想不到的转变。

托克维尔在阿那亚

1830 年，25 岁的法国贵族青年阿历克西·德·托克维尔萌生去意。这一年，法国爆发了七月革命，复辟的波旁王朝被推翻，奥尔良公爵路易·菲利普加冕为法国国王。托克维尔对路易·菲利普充满了厌恶。他后来在《托克维尔回忆录》里写道，路易·菲利普"自己没有信仰，也不相信任何人有信仰……其缺陷与他所处的时代有着同一性，他就是使得疾病成为不治之症的灾难"[1]。他说，这位"长着一颗鸭梨脑袋的国王""像经营一间杂货铺一样管理国家"。

托克维尔实在不愿意伺候这样一位国王。他和一位好友古斯塔夫·德·博蒙商议，要找个借口暂时离开法国。他们两个当时都在法国的司法系统做基层职员，于是，他们给上司打报告，说是要自费去美国调查监狱制度。

1831 年 5 月 8 日，托克维尔和博蒙从船上看见了美国的国土，他们兴奋得睡不着觉。在罗得岛上岸的第一天，他们先睡了一整天，然后才开始在美国旅行。从那天起，到 1832 年 2 月 20 日离开美国，他们用了 9 个月的时间走遍了当时美国的大部分国土。回国之后，托克维尔辞去了公职。1834 年，根据自己的调查，年仅 29 岁的法国思想家托克维尔写出了名著——《论美国的民主》[2]。

作为一名法国人，托克维尔对美国的一切都感到好奇。当时的法国就像是个失败的政治试验场。1789年的法国大革命并没有带来真正的民主，从平民皇帝拿破仑执政，到波旁王朝复辟，再到路易·菲利普上台，法国变得越来越专制，法国人变得越来越自私。托克维尔在美国看到的却是一群乐观自信的人。

托克维尔发现，美国人特别喜欢一起做事。不管是想要拯救世界的大事，还是打猎喝酒的小事，美国人都会组织一个社团或俱乐部。他们不关心抽象的政治理念，但热衷于小社区里的公共活动。托克维尔认为，正是这样的实践使美国人更容易超越狭隘的个人私利。他说："如果让公民多管小事而少操心大事，他们反而会关心公益，并感到必须不断地互相协力去实现公益。"

我们可以把这称作"托克维尔定律"。我理解的"托克维尔定律"是说：我们必须建立一种社群生活，才能更好地发现自我；只有当人们在公共生活中学会如何彼此相处，一个社会才能更加平等、和谐。

托克维尔的《论美国的民主》是用法语写的，他是写给法国人看的，没有想到却受到美国人的热捧。美国人觉得这是一本剖析美国国民性格的"圣经"。这一切都归功于托克维尔作为一名外国人敏锐的观察力。

我们来做个思想实验吧。假如托克维尔到了2018年的中国，他会到哪里观察中国的社群生活？

请你和我一起进入一段假想的思想之旅。我将和托克维尔一起去拜访北戴河海边的一个楼盘——阿那亚。

我和托克维尔之所以要去阿那亚,是阳光100的副总裁范小冲提供的线索。范小冲是房地产行业的老兵,他不断地说:房地产行业已经进入了下半场,过去的野蛮生长、翻云覆雨的游戏已经无法再玩了。他还告诉我们,年轻人和老年人对居住的需求不一样。老年人对房子更挑剔,遇到鸡毛蒜皮的事情,他们首先想到的就是维权,动不动就要打倒奸商。年轻人则会意识到自己和房地产商的利益是一致的,都想让房产增值,他们会提出更多建设性的意见,他们更重视互动,会自发形成社群。

我们该到哪里寻找这样的社群呢?

范小冲沉思了一下,说:"你们可以去阿那亚看看,反正也不远,就在北戴河海边。阿那亚是一个靠社群运营起死回生的楼盘,它本来是个烂尾楼,但现在它的销售额已经占全秦皇岛的80%了。"

我和托克维尔一起从嘈杂的北京南站坐火车到北戴河。

8月正是海滨度假的高峰。北戴河火车站拥挤混乱。车站前面的草地上有个小男孩若无其事地褪下短裤,撩起背心,一边撒尿一边欣赏人流。我感到有点脸红,但托克维尔兴致很高。一路上我们看到的都是低矮破旧的路边店铺。阿那亚门口的保安和其他小区的保安一样漫不经心。我们下榻在阿那亚小区里的安澜酒店,登记住房的人不多,但我们等了很长时间。酒店大堂里放了三排书架，托克维尔抽出一本厚厚的书，是《梵文语法》。我们在海边散步，沙滩上有一座孤零零的图书馆，这就是著名的孤独图书馆。进去看书的人很少，坐在门口倒鞋里沙子的人很多。我看到图书馆里被翻得最烂的一本书是《我还是相信爱情吧，万一遇见了呢？》。孤独图书馆的旁边有一座海边礼堂，托克维尔很感兴趣，但里面空空如也，并不是他想象中的教堂。在孤独图书馆的对面，是一排像巨型乐高积木一样的浅褐色小楼，看起来样子丑极了。

我们该从哪里开始调查呢？我们信步走进一个刚建好的菜市场。菜市场很小，卖的东西很贵，不是我在广州看到的那种小贩卖菜的菜市场。这个菜市场有两扇玻璃门，上面写着汪曾祺、古龙写的关于菜市场的"名人名言"。我犹豫了一下，问托克维尔："我们从这里开始？"

托克维尔摇了摇头。他拉住一个业主问："哪里有咖啡馆？"那位业主说："有一个，名字我不记得了，是拉丁文的，但我们都叫它街角咖啡馆，因为它就在街角。"

街角咖啡馆

咖啡馆不难找到，但名字不是拉丁文。这家咖啡馆叫Hercules，是希腊神话中的大力士赫拉克勒斯的名字。这家咖啡馆的装修风格是粗犷的工业风，墙壁用褐色的木板包了起来，窗台上摆着黑色的铁艺书架。咖啡馆老板娘留着短发,皮肤白皙,上身穿着一件在街对面的买手店淘到的红白道相间的T恤,下身穿着短裤。

咖啡馆老板娘是重庆人,原来在外企工作,她的梦想就是退休之后在海边开个咖啡店。2015年,她来阿那亚玩儿,无意中发现了这家咖啡馆,就盘了下来。当时,这家咖啡馆冷冷清清,一直亏损,只有售楼部的工作人员偶尔带客户过来喝个咖啡。老板娘自己很满意,她说,这等于提前实现了自己的梦想。

托克维尔选择咖啡馆是有道理的。城里的咖啡馆,比如星巴克,是一群孤独的人心照不宣地在一起装酷的地方,坐在星巴克喝咖啡的人像一棵棵树,矜持地彼此保持距离。而在阿那亚,咖啡馆是供街坊交流的地方,在这里能看到生活、看到故事,人们之间会建立微妙的信任。很多业主回来之后,都会到街角咖啡馆坐一坐。老板娘喜欢这种氛围,她喜欢邻居们在自己的店里办画展、摄影展。不谈文艺的时候,聊聊八卦也是很开心的事情。说来奇怪,来这里的人都会敞开心扉地讲自己的故事。咖啡馆里没有大事,但无数的小事熙熙攘攘、互相碰撞,就产生了微妙的信任。周末店里人多,有时候忙不过来,有些邻居就会直接过来帮老板娘洗盘子、冲咖啡、上菜。邻居们还会把房子的密码告诉她,以防有什么突发事件。老板娘已经有10多个邻居的房子密码了。有的父母要出去玩,就把孩子寄存在咖啡馆里。老板娘忙里忙外,孩子们趴在一起画画。老板娘凑过去看，发现从北京来的孩子纸上画的是植物大战僵尸，而在阿那亚长大的孩子画的是蓝天大海。

"有没有父母把孩子忘在这里的？"

"有，当然有了。有的父母心真大，到时候还不来接孩子，一打电话，说把这事儿忘了，自己到餐厅吃饭去了。他们还会说，请你把孩子给我们送过来吧。"

在北京的时候，老板娘工作压力大，一天下来整个人都累散架了，脾气非常暴躁。到了阿那亚，生活的节奏一下子慢了下来。老板娘每天九点上班，下午人少的时候就去练琴，她的"小梦想"是把每一种乐器都练一遍，到时候和几个朋友一起演奏，弹完钢琴就敲架子鼓，敲完架子鼓就弹吉他，那该多酷啊！下午也是健身的时间，老板娘在小区健身房办了卡。如果忙起来没时间去，教练会直接到咖啡馆"抓"她。旺季时，老板娘也坚持晚上八点钟打烊，虽然多干两个小时可能比平时一天的收入都多。淡季人少的时候，老板娘会到孤独图书馆看书。冬天海面结冰了，她喜欢到海边走走。

在阿那亚，你会忽然发现，原来打发时间也是一件需要学习的事情。

第二人生

我和托克维尔几乎一整天都坐在咖啡馆里，采访了不同的人：

暮色中的阿那亚海边礼堂
图片来源：船长大人

阿那亚业主微信群的群主"孟姐姐"、摄影师"船长"、诗社社长、"宝儿爷"、阿那亚特有的DO（梦想组织者）玉洁、家史计划负责人昕姐、小区的管家、保安等。

　　大概可以给阿那亚的业主做个画像：95%的购房者都是北京人，这是一个"移民社会"；最早来买房的大多是60后和70后，年纪在40~55岁，后来才慢慢地有更年轻的80后来买房，也就是说，这个小区其实是个中年人社区，并不是青年人社区；虽然这里的业主经济状况普遍不错，但看不出非常有钱的，小区里面几乎看不到极其炫耀的豪车；业主喜欢把阿那亚叫作"阿村"，他们自称"村民"，每个人都会讲一段和阿那亚"一见钟情"的故事；他们大多平时住在北京，周末或假期回来；虽然小区新开了一个小门，但有的业主仍然喜欢绕远道从正门进来，因为"看到门口'阿那亚'那几个字就会激动"。他们都劝我和托克维尔赶紧在这里买房，理由是：在这里，美好的东西会被放大。

你在阿那亚可以有很多丰富多彩的活动，从容不迫地消磨时光。你可以在海边的酒吧里点一杯啤酒，舒舒服服地蜷在椅子上听乐队演出，也可以用自家小院里杏树上的果实做杏子酱；可以约上朋友一起踢足球、跑步，也可以参加话剧社的排练，等到过年的时候给邻居们做汇报演出；可以和孩子们一起参加时装走秀，也可以带着爸爸妈妈盛装出席马术表演。

托克维尔面前的咖啡基本没动，他静静地听着。他问了所有的业主一个同样的问题："这些活动大多也可以在北京做，为什么你们一定要来阿那亚呢？"

阿那亚的村民告诉我们："重要的是跟谁一起玩儿。"阿那亚的邻居们彼此之间更认同，关系更亲密。阿那亚可以提供适合一家人休闲的活动，各玩各的，都很放松。

托克维尔不动声色，但他轻轻地摇着头。显然，这样的答案没有说服他。论亲密关系，邻居不可能比得过同事、同学。要说一家人出来玩儿，好一些的酒店同样可以提供这样的服务。就算是想到海边玩帆板之类的活动，阿那亚的周围也有别的楼盘，圈起来一样有私家海滩。

我跟托克维尔说："有一种东西叫电脑游戏，我玩过一个非常经典的电脑游戏，叫《第二人生》——呃，回头有时间我教你玩儿。玩家在《第二人生》里可以买房子，交朋友，做生意，到处旅行，也可以去赌场厮混。跟你问的问题一样，这些玩家在游戏里做的事情，在现实生活中也能做，我们能不能把这称作'第二人生'呢？"

托克维尔说："你再讲得详细一些。"

我说："阿那亚的村民大多有自己的'第一人生'，他们到阿那亚是为了过自己的'第二人生'。对他们来说，'第一人生'和'第二人生'都是不可或缺的。没有'第一人生'，他们就赚不到钱，就无法支撑他们的'第二人生'。没有'第二人生'，他们又会觉得'第一人生'太枯燥，所以'第二人生'是用来滋养'第一人生'的。你看跟我们聊过的一位女业主，她在北京是个公务员，到阿那亚买了两套房，一套自己住，一套用来做民宿。你可以想象得出来，在办事柜台后面的她和做民宿的她有多么不一样。你再看那些参加话剧社的女业主，她们都有上台表演的小欲望，但在'第一人生'中找不到这样的机会。阿那亚帮她们请专业的老师，帮她们排练，演出的时候邻居们会过来捧场，一车一车的鲜花拉进来，送给她们。这种感觉是在'第一人生'中找不到的啊。"

从云到雨

托克维尔缓缓地说："你讲的这些我并不是很了解。但是，你知道我在《论美国的民主》中讲过，美国人都是移民，他们是从欧洲，主要是从英国移民过来的。阿那亚村民也是移民，他们是从北京移民过来的。移民社会是生来平等的，而不是通过努力变得平等的。你一定记得，我说过，平等是一种不可抗拒的历史潮流。当然，平等社会有它的好处，也有它的不足。但是，我们在阿那亚看到的就是一个平等社会。"

他用手指着窗外的人群："仪表既是天生具有的，又是后天获得的。仪表是民情的基础。你要学会观察。你可以明显地看出来阿那亚旅游的游客和业主的不同：业主穿着更随意，但也更得体，没有裸露上身或是穿奇装异服的；游客走路很急，总是皱着眉头，但业主不会。"

他喝了一口咖啡。咖啡已经放凉了，他并没有介意："你也能注意到，通过与阿那亚村民的谈话可以看出，他们对物质生活享受有特殊的爱好。他们追求的是及时行乐，但不是纸醉金迷。他们只求无数的小愿望得到满足，当然，这对社会秩序是有帮助的。为了满足这种爱好，需要建立安定和谐的社会秩序。良好的民情有利于社会的安定，也有助于实业的发展。这是一种温存的唯物主义，它不会腐蚀人们的灵魂，而会净化人们的灵魂，在不知不觉中使一切的精神紧张得到缓和。"

托克维尔接着说："我在美国的时候看到，美国人干什么事情都不喜欢单枪匹马，而是喜欢组成社团。最初，当我听说美国有10万人宣誓不喝烈酒的时候，我以为是在开玩笑，没想到是真的。他们的行动宛如一个大人物穿上一身朴素的衣服，以引导民众戒除奢华。这是我在美国悟出的一个道理：利己主义是一种盲目的本能，可以使一切美德的幼芽枯死，它还是一种古老的恶习，很难根除。人只有在相互作用下，才能使自己的情感和思想焕然一新，才能开阔自己的胸怀，发挥自己的才智。你也可以把它理解为：<u>只有社群活动才能抑制利己主义</u>。"

他转动着咖啡杯，陷入了沉思："但我不能理解的是，为什么这个小区只有五六年的时间，就出现了这样的一种氛围？天空中形成云很容易，但是，从云变成雨是一件难以解释的神秘事件。"

我总算有插话的机会了："从云到雨的科学原理是一位比您小30多岁的苏格兰科学家约翰·艾特肯在1880年发现的。云里面含有水汽，这些水汽只有遇到了尘粒才能凝结成水滴。这些尘粒被称作凝结核。"

托克维尔眉头舒展，喜形于色："这就对了。形成一个社群，需要有活跃人物充当'凝结核'，才能实现从云到雨的转变。那些业主提到的那个开发商——"

我说:"马寅。"

托克维尔的语速变快了:"对,马寅就是一个凝结核,他手下那些很能干的运营团队就是凝结核,跟我们聊天的那几位热心人士,像诗社社长、'孟姐姐',也都是凝结核。当年,来自新英格兰的移民因为到了一个北美最贫瘠的地方,而且是在快要入冬的时候到达的,所以他们不得不合作。阿那亚村民也说过,马寅接手这个楼盘的时候,这个楼盘根本卖不动,因为房屋质量差,不好卖房才卖情怀,一不小心种出了一个独特的社区。但是,只靠马寅是不行的。像那个诗社社长,原来是北京的一名法官,专门管'民告官',但他总是劝大家不能一有分歧就走法律路径,而是

阿那亚的风筝冲浪
图片来源:船长大人

要学会协商。他们这群人是房地产商和业主之间的'中间人'。"

托克维尔望着我的眼睛："掌握公共生活的技能是需要学习的。你要问我怎么看，为什么他们都愿意到阿那亚，我的回答是：他们其实是付费进入了一所大学，这所大学在北美移民者那里是免费的，但在阿那亚是要付钱的，而且要付一大笔钱。"他大声笑了起来。

重建社群

离开阿那亚，我又飞到福建省泉州市，从这里坐车一个小时左右就到了惠安县的聚龙小镇。聚龙小镇和阿那亚、成都的麓湖生态城、杭州的万科良渚文化村被房地产界并称"四大神盘"，但这里看起来跟阿那亚迥然不同。

阿那亚的老板马寅是北京大学EMBA（高级管理人员工商管理硕士）毕业，他是房地产界的风云人物，非常注重市场营销。阿那亚小区的品牌管理专门外包给了一家传播公司，《三联生活周刊》总编、《中国新闻周刊》副主编都是这家传播公司的合伙人，他们也都是阿那亚的业主。而聚龙小镇的老板以前是个石匠，他最早在西藏参与过布达拉宫前的广场改造，因为工作质量和效率都很高，受到地方政府欢迎，接了很多项目，从此发家。他文化程度不高，为人非常低调，不爱接受采访，平常总是穿着基础款的白衬衣和黑裤子。据说，一位网红教授曾劝说这位老板拿点钱出来，出本书做做宣传。老板说，有钱出书还不如多种棵树。

阿那亚的标志性建筑是一座伫立在海边的孤独图书馆，聚龙小镇很有特色的一个建筑是写着孝、悌、忠、信、礼、义、廉、耻八个字的"八德亭"。在阿那亚，没有老人跳广场舞，因为马寅和大部分业主都反对。在聚龙小镇，老板让员工晚上下班后到湖边跳广场舞，最早的时候因为来跳舞的人少，老板还要让员工签到，因为他觉得这样才有社区氛围。阿那亚的业主大多是中青年，聚龙小镇的业主大多是老年人。阿那亚最受欢迎的社团是戏剧社、诗社，聚龙小镇最受欢迎的社团是爱心义工社、退伍老兵服务队、文明督导团等。文明督导团里，60多岁的团员都算是比较年轻的。6月30日，聚龙小镇的居民自发组织了一场献礼"七一"的晚会，有300多人到场观看。

==社群的画风千差万别，但对重建信任和亲近关系的期待是共同的==。你在聚龙小镇能够找到一种和阿那亚一模一样的社群氛围。邻居见面会亲热地打招呼。小区的信用良品店里没有服务员，也没有摄像头，大家自己拿菜、称重、付钱，如果没有带钱，就在小黑板上写上欠了多少钱和联系方式，下回补上。如果想要订购土鸡土鸭，一样写在黑板上就行，第二天就会有人送来，宰好、包好的土鸡土鸭贴着价签，订购的人自己付钱拿走就行。过年过节时，聚龙小镇里摆起一桌一桌的邻里宴，吃完之后人们会自觉地帮助收拾碗筷，打扫得干干净净。

一北一南，一海一山，虽然人们习惯的集体生活方式会有差异，但你已经看到，他们都有重建社群的愿望。每个人内心都有一种与人交流和沟通的愿望，只是这种愿望被压抑得太久，我们好像已经忘记了。聚龙小镇的老板以前住在厦门的时候，高高兴兴地去找对门的人聊天，结果人家戒备心很重，这让他很不开心。他想要找回那种邻里乡亲之间的亲近关系。聚龙小镇的路边和楼上到处都挂着"小镇没有陌生人，我们都是一家人"的标语。

阿那亚有个家史计划。这件事情的起因很偶然。马寅的妈妈有次整理家里的老照片，马寅在一边看着，突然非常感慨。恰好业主李远江原来是北京四中的历史老师，一直想做全国青少年家史普及计划，两人一拍即合。大部分人都不会写家史。于是，他们就组织大家做能做的事情，比如录一句家乡话，做一道家乡菜，把家里的老物件拿出来展览，让孩子们去采访老人。这个计划就像打开了一扇尘封已久的窗户。人们突然意识到：有多少孩子已经连一句家乡话都讲不出来了？有多少人还能记起祖父母以上的先辈的名字？那些老人看起来不爱说话，但当有人去跟他们聊天，让他们把话匣子打开，你才知道，原来他们有那么多的故事！

<u>为什么会出现这种重建社群的新变量呢？这是一股由多种力量汇集而成的激流。第一种力量是丰裕社会[3]，第二种力量是择邻而居，第三种力量是网络连通。</u>

在丰裕社会里会出现一种反思。中国先是经历了资源稀缺时

代，而后是高速增长时代。在这两个时代，流行的社会观念都是要像狼一样顽强而凶残地抢夺更多的资源，丛林法则成了一种道德信仰。如今，人们发现，在丰裕社会，私人财富虽然增加了，但公共产品变得更加稀缺。这是丰裕社会特有的烦恼。在这样的丰裕社会，一个友善、互助的社群对人们幸福指数的提升变得更为重要。

择邻而居已成为一种新的生活方式。人是一种环境动物，当外在的环境发生变化，人的行为也会随之改变，所以，和什么样的人住在一起很重要。这就是为什么阿那亚的业主会说，他们在北京开车的时候会很暴躁，但回到阿那亚就不会抢道、鸣笛。过去，人们能选择的是自己工作和居住的地点；如今，人们能够更自由地选择自己的邻居，这尤其体现在购买度假房和养老房的时候。这样的社区事先就有一种筛选机制，因此居民之间更容易形成认同和信任。

网络帮助人们以线上方式加强线下协作。看起来，网络让人们更沉湎于虚拟世界，脱离了现实世界。事实上，网络加强了人们在线下的交流。阿那亚的业主群让"村民"不住在"村"里的时候也能互相交流。在群里发言交流的成本低，陌生人之间通过频繁曝光的方式迅速互相熟悉。在线上你可以只展示自己的一部分，剩下的通过人的想象自动补足和美化。距离不仅创造了美，而且增加了彼此之间的吸引力。

我们之所以把重建社群当作2018年最后一个，也是最重要的一个变量，是因为在2018年出现了很多负面的社会现象。<u>越是在灰暗的背景下，这种重建社群的努力就显得越鲜亮</u>。

2018年2月11日，正值春节年关，一名35岁的失业青年持刀在北京西单大悦城砍人，从六楼一路砍到五楼，导致1死12伤。4月27日，陕西米脂三中校外的巷子里发生一起恶性杀人事件，凶手手持匕首追杀学生，导致19名学生受伤，其中9人死亡。这名凶手原来是米脂三中的学生，在村里深居简出，村民几乎都不知道还有这个人。6月25日，山东烟台一名男子把叉车开到马路上，疯狂地袭击过往的车辆，造成10多人伤亡，其中一人当场死亡。6月28日，一名29岁男子在上海世界外国语小学门口拿着菜刀砍刚刚放学的孩子，导致两名男童死亡，另有一名男童和一名女性家长受伤。9月12日晚，一辆红色路虎SUV突然闯入湖南衡东县洣水镇滨江广场正在休闲的人群，凶手随后下车持折叠铲、匕首砍伤现场民众，造成重大人员伤亡。这些令人震惊的事件就发生在我们身边，我们不知道在未来同样的悲剧是否还会重演。虽然我们无法深究每一桩惨案背后的故事，但有一点需要引起注意：当一个系统整体出现危机的时候，个体的悲剧是不可避免的。

这个世界并不会越变越糟，但通向美好生活的道路是由一粒粒砂石铺就的：它可能是人们随手捡起的一件垃圾，是邻居见面时的一句问好，是邀请保安到自己家中吃的一顿年夜饭，是把小区马路上的斑马线漆成彩虹色的小小建议。

一个人的力量是渺小的，无法阻挡世间的洪流，但可以让身边的小环境变得更有尊严、更有趣味。阿那亚和聚龙小镇并不是孤岛，而是群岛。很快这些群岛上的灯光就能连成一片，让相邻的岛上的人们能够彼此相望，感到心安和温暖，同时也能慰藉那些依然在海上漂泊，在迷茫、冷漠和不解中挣扎的孤舟。

剧情反转

我相信重建社群在未来会成为影响中国的深刻变量，因为我相信：社会发展的剧情经常会有令人意想不到的转变。

我举一个例子来说明社会发展的剧情转变。我们讨论一下留守儿童的问题。

10多年前，我曾经参加过央视一个关于留守儿童的节目策划。一群人你一嘴、我一嘴，讲留守儿童的问题有多么严重：中国的留守儿童数量已达6 000万；他们没有得到父母的关爱，也没有受过良好的教育；残破家庭养出的孩子容易有心理疾病；男女比例面临失调，未来会出现数千万没有工作、没有住房、没有老婆的绝望的单身汉。说到惊悚之处，一位年轻的导演怛然失色，很快就办理了出国移民。

10多年过去了，留守儿童再度进入人们的视野。除了同情和关心，也有人开始担忧甚至恐惧。曾经被遗忘、被歧视、被伤害的一代，长大之后会不会以各种方式漠视社会规则，甚至报复这个社会呢？每当一些社会恶性事件发生时，比如滴滴顺风车司机杀人事件，都会有人指着涉事者说：看，他们曾是留守儿童。留守儿童真的成了社会的不安定因素了吗？这种担心显然夸大其词了。虽然我们不否认留守儿童中确实出现了一些有反社会倾向的极端分子，但这毕竟是少数。

那么，时隔多年，留守儿童到底怎么样了？

为了弄清楚这个问题，我们去了北京房山、贵州兴义、四川广元等地的乡村学校。我要带你到我们去过的最偏僻的一所农村小学——四川广元山区的范家小学，看看那里发生的变化。你会发现，在条件出现变化之后，农村教育也随之改变。你会看到，从大树的根基慢慢地长出了嫩绿的新枝叶。

范家小学的孩子

行驶在崎岖狭窄的山间公路上，如果稍微一走神，就会错过范家小学。

范家小学的大门是在乡下经常能见到的那种黑漆金粉的铁栅栏门。学校有两栋楼，一栋是2002年建的庆恩楼，另一栋是2008年地震灾害发生后重建的嘉祺楼。2008年汶川地震引发广元市青川县地震，嘉祺楼在地震后被评估为C级危房。虽然进行了加固，但老师告诉我，有余震的时候住在里面还是很害怕。

范家小学小得不能再小了。学校里一共有 28 名幼儿园孩子，43 名小学生，12 名老师。其中，32 名小学生和 3 名幼儿园孩子在学校住宿，一周回家一次。老师也住在学校里，周末回家，他们的家在附近的宝轮镇或广元市。这些孩子来自周围的 5 个村 23 个组。离学校最近的是苟村。苟村原来有四五百人，但现在留在村里的人已经不到一百个，大多数是老人和孩子。村里很干净，农民家里都盖起了小楼，在新村建设的时候由镇里主导，房子统一刷成了白墙。村里也有一些废弃的土坯房。这里唯一的公共活动场所是文昌宫。文昌宫里有个戏楼，还有个供奉文昌菩萨的小庙。文昌宫的外面贴着一幅标语："真是贫困户，大家来帮助；想当贫困户，很难有出路；争当贫困户，吓跑儿媳妇。"看得出来，这里的确是个偏僻贫穷的山村。

为什么范家小学的学生这么少呢？以前不是这样的。以前这里有中学、有小学，共有四五百名学生。后来，外出打工条件好的父母陆续把孩子带走了，剩下的人越来越少。从外地娶回来的媳妇一看这里这么穷，受不了的生完孩子就跑了。村里夫妻离异或者由爷爷奶奶带孩子的情况很多。

这里的每一个孩子都有自己的故事。你看在食堂吃饭的那个小男孩，个子太矮，坐在椅子上够不着，只能站着吃饭。他长得很乖，招人疼爱。他的妈妈患了精神疾病，发病的时候得绑起来。

他旁边的那个小男孩，憨厚老实，刚剃了个"茶壶盖"头，那是他的舅舅。你再看那个瘦瘦的高个子学生，脑袋上只有短短的头发茬，仔细看，你会发现是个女孩。她夏天时头上长疮，就把头发剪掉了，成了这个怪模样，但没有一个孩子在意，她自己也毫不在意。坐在角落里吃饭吃得很慢的小男孩患有智力障碍。有个男孩总是拖着鼻涕，老师说他最调皮捣蛋，但他跟老师谈心的时候说，自己这样做只是为了引起爸爸的注意。他的爸爸妈妈早恋，妈妈17岁就生下他，后来跑掉了，爸爸天天打游戏，动不动就打骂孩子。

<u>但他们是我见过的最快乐、最自信的孩子</u>。

早上是开学典礼。开学典礼上没有领导致辞，只有家长围观，大多是老人家。开学典礼上有简单的仪式。老师给孩子整理衣冠，孩子给老师敬茶。大孩子全都站起来，向老师三鞠躬。幼儿园的孩子不知道这是干啥，也站起来有样学样。一场开学典礼，一半的时间是在给孩子们发各种奖状。一个小姑娘拿了好几个奖状和奖品，下台的时候就跑过来交给台下的父母。

开学典礼之后，孩子们开始上课。一个班多的有六七个学生，少的只有四五个。每个班都有自己的教室，教室里有沙发，有图书角。墙上是孩子们画的画。教室黑板上刚刚装上液晶显示器，旁边还有投影仪。上课不需要打下课铃。低年级的孩子上二十分钟左右就休息一下，高年级的孩子一节课上四五十分钟。

我到一个教室听课，却看到语文课上老师正带着孩子们做水果沙拉，其实就是把酸奶浇到切好的水果上。孩子们做得开心极了，下了课就把做好的水果沙拉拿出来，跑到各个教室送给同学吃。他们也没忘记坐在后面的我。好几个孩子路过我的时候都把沙拉递给我吃。我上学的时候从来没有学过该如何应对这样的场面，只好窘迫地摆摆手说，你们吃啊，不用给我啦。有两个孩子坚持喂到我的嘴里。他们的眼睛里没有怯懦，有的是一种开放的善意。跟他们聊天时，他们得意地说，这还不是最好玩的，最好玩的是有一次老师和同学一起做酸菜鱼，做完就直接吃掉。

另一个教室里也在上课，老师在教绘本《今天我的运气怎么这么好》。孩子们轮流到教室前面讲自己的看法。每个孩子上台时都落落大方，讲完了别的孩子会一起为他鼓掌。隔壁的教室里，六年级的孩子在用平板电脑做数学题。休息时间，我问他们长大都想干啥。一个男孩的理想是当棒球教练，一个女孩想当老师。

下午是美术工作坊，不同年级的孩子都在一起。大孩子会照顾小孩子，给他们递调色盘。老师教大家画青花瓷，孩子们就动手画。也有画螃蟹的、画不规则锯齿的，老师在旁边笑眯眯地看着他们。

一转眼，所有的孩子都到操场上玩儿了。范家小学变成了花果山。一群小男孩跑出去玩宝剑。一个男孩和一个女孩在踢足球。有个小男孩拉着我，要跟我玩跳棋。他并不会玩跳棋，我想教他，但他制止了我。他有自己的规则,他把跳棋棋子在棋盘上摆出一个图案,然后拍手叫好:它们排成队了!我的后面有个六七岁的小姑娘在跟我玩捉迷藏,我把手伸到后面,作势要抓她,她就开心得咯咯笑。

现在,让我给你讲讲我在第一章提到的李娜的故事。我在来范家小学之前,看到一个叫李娜的小朋友的画作。她去看了文昌宫的庙会,回来之后画了个"六宫格",每个格子里有一幅图,还配了文字解说。一幅图画的是:叔叔烤的肉串很好吃。另一幅图画的是:今天的电影让我懂得了很多道理。还有一幅图引起了我的注意,她配的文字是:烧香拜佛了,我希望爷爷奶奶以后不再吵架。你能猜得到,这一定是一个家庭环境非常复杂的孩子。但是,让我特别有感触的是,这个孩子已经懂得把心里灰暗的那个部分找个格子放进去,妥妥地放好,然后就可以放飞心中快乐的部分。

到了范家小学之后,我想找到李娜。老师告诉我,李娜今年刚刚毕业。我了解到,李娜的家里确实非常艰难。李娜的妈妈在生她之前便身患精神疾病,瘫倒在床,生活不能自理。她的爸爸无法承受家里的贫穷和变故,抛妻弃女,长年在外打工,10多年来从不回家,连电话也不打一个。天气晴朗的时候,李娜把妈妈拉到院子里晒太阳,下雨的时候把妈妈扶到屋檐下,平日里要给妈妈端水喂饭,洗衣洗澡。李娜从小就要帮着爷爷奶奶扫地、洗碗、干农活。妈妈最后还是在她上五年级那年去世了。11岁的李娜比我们大多数成年人都更懂得坦然接受命运的馈赠：既不抱怨，也不抗拒。

那个跟我玩捉迷藏的小姑娘拉着我的手，让我过去陪她荡秋千。我跟她聊天聊得很愉快。

"你上几年级啊？"

"一年级。"

"喜欢不喜欢上学呢？"

"今天是开学啊，我穿的是最好看的玫瑰花裙子，我喜欢玫瑰花。"

"爸爸妈妈在家还是在外地啊？"

"爸爸妈妈在昆明。"

"想不想爸爸妈妈？"

"想。爸爸妈妈要赚钱，给我买好吃的。"

"喜欢同学吗？"

"我最好的朋友在这里。"她指指旁边一个穿白裙子的小姑娘。

"最喜欢哪个老师呢？"

她指指我。

"喜欢你们张校长吗？"

"张校长？张校长是哪一个？"

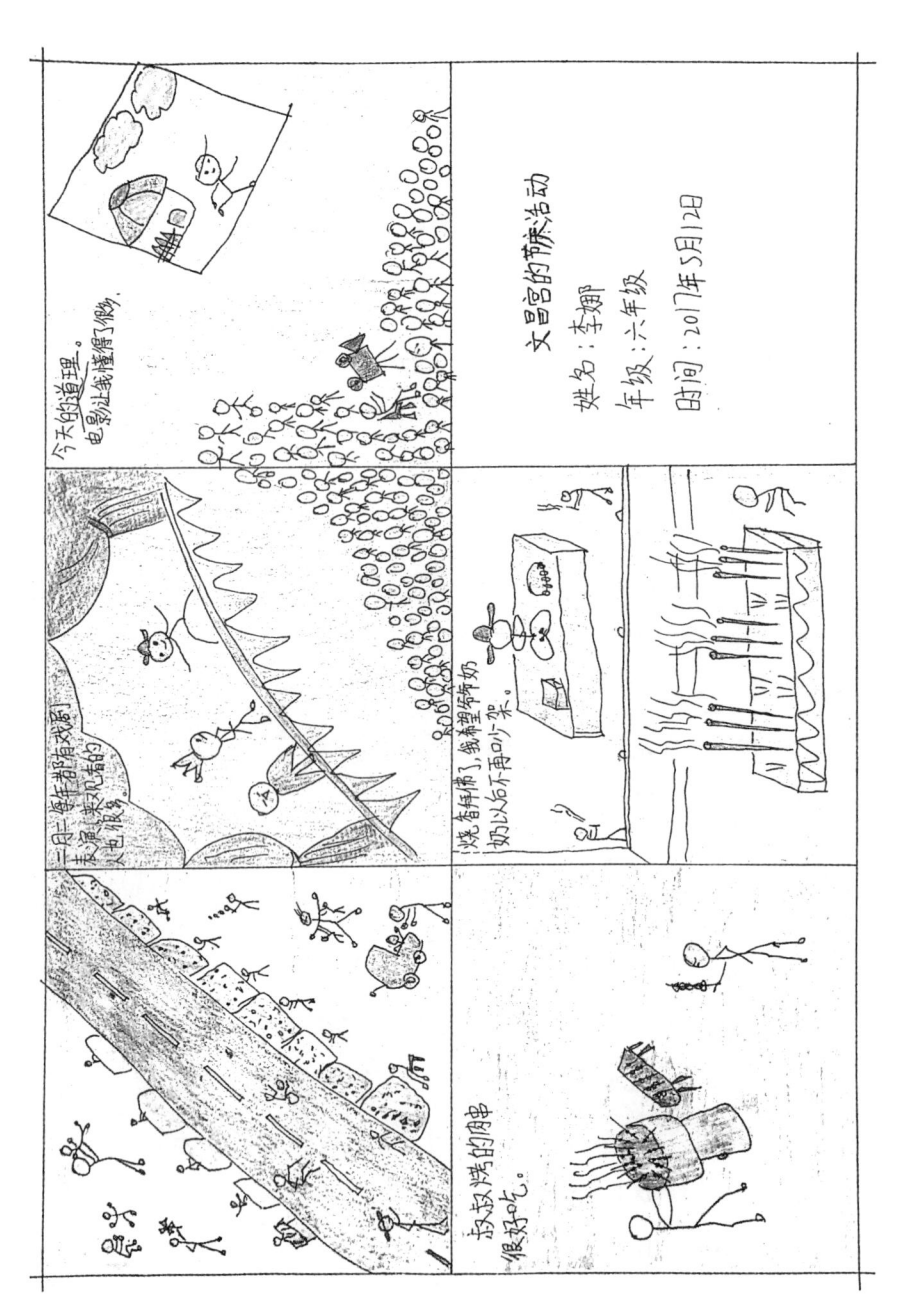

《文昌宫的节庆活动》
图片来源：李娜

张校长

张校长叫张平原，1968年腊月生人。他身穿黑色T恤、黑色长裤、黑皮鞋，皮肤黝黑，戴着一副黑框眼镜。张校长说自己是个糙人，只有在正式场合才会穿白衬衫，不然容易把衣服弄脏。张校长开一辆黑色的中华车，车里有点脏，一年要换两次车胎。这辆车公私两用、客货两用，每次到镇上去都顺道拉回一些教学物资。在山路上，他开得飞快，这条路他闭着眼睛都能记得。

张平原的家在40公里之外，要翻过一座山才能到。苟村的老乡把他叫作外地人。张平原上小学的时候成绩平平，懵懵懂懂就毕业了。他初一休学一年，因为母亲生病。那时，他到田里种地都会随身带着书。一年之后他回到学校，需要复读一年。结果，从那开始他突然开窍了，烧火做一顿饭的时间，就能背会朱自清的《春》和老舍的《济南的冬天》，做数学题的时候能自己找到规律。老师觉得他是个好苗子，于是，家里杀了一头猪，换了钱又把他送去镇上读书。他成绩很好，所以考上了中师，也就是中等师范学校。当时，中师是家庭条件一般但成绩顶尖的学生才能考进去的，因为进了中师就开始领工资，比他学习差一点的同学才读高中、考大学。

张平原当了15年班主任，换了6所学校。区教育局的领导让他来范家小学，他一开始不愿意，这所学校太偏僻了。后来，区教育局的领导也跟他说了实话，别的地方关系错综复杂，只有这个偏僻的地方没有人想来。张校长刚到范家小学的时候，都不敢跟家里说。到了这里，他整夜整夜地睡不好觉。这种又差又偏的小学校，到底该怎么办啊。

==事物的发展会出现逆转。换一个角度来看，乡村小学的劣势可能就是其优势。==

最薄弱的环节最有可能是突破口。这所农村的学校已经差得不能再差了，改革的空间很大，因此张校长才有施展才干的机会。城市里的学校是现有管理体制和利益格局下的既得利益者，会想方设法尽量保住自己在现有体系中的位置，改革的空间很小，所以它们一直沿袭着陈旧的教学体制。

农村的学校学生流失问题严重，但老师的编制又不能跟着学生的流动转走，于是，师生比越来越高，这就能让老师给予每个学生更多的关注。反观城市里的学校，都是大班大校。大规模学校实行的是军事化管理、精细化管理，老师想把学生都变成一个模子里刻出来的，这样教起来才简单。小班才是未来的趋势，学校的最佳规模是师生相识。看学校要看师生关系，我们在范家小学看到孩子们和老师的关系非常融洽，老师会情不自禁地拍拍孩子们的脸蛋儿，孩子们会直接冲到老师的怀里。

农村的孩子很难和城里的孩子公平竞争。农村孩子想考上大学，要付出比城里孩子艰辛得多的努力。我问参加开学典礼的家长，希望自己的孩子长大以后干什么。他们都说，只要孩子快乐就好。想不想让他们上大学呢？当然想了，但得能考得上啊。恰恰是因为农村人对"高考改变命运"、对考试成绩不再有太多的执念，反而能够让农村学生深入接触素质教育。我在范家小学的布告栏里看到他们的办学目标：办美丽乡村学校，育阳光自信少年。学校对孩子们有哪些要求呢？学生要有阅读的爱好，能写一手漂亮的字，能流利地朗读，能当众表达自己的想法，保持积极向上的态度，形成爱清洁的卫生习惯，有两项体育爱好，一项艺术爱好。最后才是：课业发展良好。

农村的学校还会遇到一个问题：很难按照传统的各个学科配置任课老师。一个老师往往身兼数科，于是，他们必须想方设法设计综合性的课程。无意之中，他们的教学方法居然很像被各国效仿的芬兰项目式教学。教学资源有限，必须就地取材，所以农村学校就要引入乡村社区现有的资源。比如，范家小学组织学生去参加文昌宫庙会，调查村子里的一口老井到底在哪儿，参观水电站，到山上采蘑菇和草药。这些乡土课程潜移默化地强化了学校和所在乡村社区之间的联系。

张校长的教育理念是从哪里来的呢？他没有留过学，读书也不多。我在他的书架上找到了一本华南师范大学郭思乐教授的《教育走向生本》。这本书的前半部分，张校长读得很认真，画了不少道道，后半部分就新崭崭的了。他的教育理念更多地来自自己的经历。农村孩子都是这样不怕吃苦、努力奋斗。张校长也好、农村学校的师生也好、村里的村民也好，仍然发自内心地信奉中国3 000年来的传统美德。是的，他们不再相信"高考改变命运"，但他们仍然相信要学会吃苦耐劳，他们仍然相信要孝敬父母、与人为善、热爱家乡。这些"老理儿"就是中国文化这棵大树的树干和树根。教育原本就不需要创新，只需要纠偏。

为什么乡村小学里没有霸凌？为什么来自残破家庭的孩子也能阳光自信？

那些对留守儿童有误判的人，是因为他们错误地理解了教育理论。他们认为，由于缺乏父母的陪伴，留守儿童一定会变成问题儿童。他们忘了，像我们这一代人，父母都是双职工，真正陪伴孩子的时间也很少。放学之后，我们都是脖子上挂着钥匙自己回家的。在传统的农业社会，带孩子的任务向来是交给哥哥姐姐，父母很少关心孩子的教育。英国的贵族阶级曾经流行把孩子送到寄宿学校，或是由管家和家庭教师照看，父母从不参与对孩子的教育。一样缺乏父母的陪伴，为什么我们会把留守儿童单独挑出来当成社会问题呢？

著名心理学家朱迪斯·哈里斯在《教养的迷思》一书中提到，对孩子的成长影响最大的社会环境是由同龄人组成的社群，并不是父母。[4]孩子是要和自己的同龄人一起长大的，他们更在意自己在同龄人中的社会地位。他们向同龄人学习得更多，对父母的建议只会择有用者而从之。老师之所以能够影响孩子的成长，不单单因为他们是老师，还因为他们是"孩子部落"的"酋长"，他们能影响"孩子部落"的行为规范和游戏规则。非洲有一句谚语：培养一个孩子需要一个村庄。范家小学就是这样的村庄。虽然这里的孩子大多来自残破的家庭，但范家小学给了孩子们最需要的东西：一个平等、包容、自信、乐观的社群。

不仅成年人需要社群，孩子也需要社群。只有当我们重建孩子的社群，才能真正教育出阳光自信的孩子。懂得社群的重要性的家长，对孩子的教育也会有不同凡俗的体会。当我在阿那亚调研的时候，咖啡馆老板娘曾经说过，美中不足的是阿那亚还没有办自己的学校。我相信，如果阿那亚办一所小学，一定会更像范家小学，而不像北京市的那些所谓的名校。

像范家小学这样的农村学校不止一家。2017 年，农村小规模学校联盟把北京市房山区蒲洼中心小学、河南省开封市兰考县程庄小学、河南省商丘市梁园区王二保小学、四川省广元市利州区微型学校联盟的范家小学和石龙小学评为"小而美"种子学校。除了这几所学校，在河南濮阳、湖南湘西、甘肃平凉、浙江缙云、江苏启东、山西吕梁，都能找到筚路蓝缕、艰难求索的农村学校。曾经担任过北京大学附属中学校长的康健老师告诉我："未来 10 年、20 年，最好的学校一定是在农村，是小规模学校。"

用不着再等 10 年、20 年，我在 2018 年就已经找到：中国教育理念最先进的学校，不是北京或上海的公办名校、国际学校，而是四川省大山深处的一所农村寄宿小学。

两条路

每年到了高考临近的时候，位于大别山深处一个偏僻小镇的毛坦厂中学就会变成一片沸腾的海洋。老师带领全校学生声嘶力竭地喊口号。家长在一棵百年枫杨树下烧香，香灰堆了一米多高。一面崭新的锦旗上写着："我求神树保佑，我子考上一本。"2018年，毛坦厂中学共有59个应届高三班，68个复读班，加起来一共有127个毕业班，高考考生1.5万人左右。6月5日，全镇万人空巷，欢送坐在一辆辆大巴车上的考生奔赴高考考场。这已经成了毛坦厂镇的一个特殊"节日"。

安徽的毛坦厂中学和河北的衡水中学是农村学生高考的代言人。对毛坦厂中学，舆论一直褒贬不一。批评毛坦厂中学的人说，这就是一个专制的高考机器，没有教会孩子们健康成长。支持毛坦厂中学的人说，高考是最公平的竞赛，是寒门士子靠自己的努力改变命运的最好通道。哪种观点是正确的？这两种观点都是错误的，都没有看到未来的趋势。

让我们再回到李娜的故事。

假设李娜读完了初中和高中，6年之后，她也会面临高考。如果她靠自己的努力，能够像崔庆涛一样考上北京大学，我们当然会为她祝福。如果她没有那么幸运，没有考上理想的大学，她会怎么办呢?

一条路,她可以像毛坦厂中学的那些学生一样选择复读。毛坦厂中学的学生有一大半是高考失利,回头复读的。2018年,毛坦厂中学学生的本科达线率为95.7%。但是,这些考生中能够考上北京大学、清华大学这样一流大学的并不多,绝大部分考生只不过是通过题海战术的残酷训练,略微提高了成绩,大部分考生考上的还是二本、三本学校,上的是普普通通的大学。在很多人眼里,这就是励志,这就是知识改变命运。

另一条路,李娜可以不走复读这条道路,而是去寻找其他的职业,去寻找其他的发展机会。在这条道路上,她又能走得多好呢?很多人对这条道路充满了恐惧或鄙夷,在他们看来,如果高考失利,留给农村孩子的选择无非就是到工厂打工、到城市送快递、给城里人做保姆,或者去开顺风车。难道农村孩子未来的人生道路一定如此狭窄吗?

这个世界正在改变,但教育体制傲慢地拒绝改变。一条看似宽敞的道路,最后可能会发现是断头路,而看起来崎岖的道路,或许会峰回路转、柳暗花明。我们可以想象出很多职业,比如厨师、健身教练、化妆师、网络写手、网络主播、民谣歌手、无人机飞手、电子竞技选手、果农、民宿老板、推销员、股票投资者,哪一个职业不比坐办公室更酷?哪一个职业又是毛坦厂中学或大学能够教出来的?想走这条路,需要的是激情、热爱、自信、好奇、与人合作。

这些都是李娜在范家小学学会的。如果范家小学在李娜心田里种下的种子没有受到摧残，如果她依然能够保持 11 岁时的通透和达观，无论她走上什么样的道路，都一定会收获一个充实、快乐的人生。

时代变了，收入分配也会改变。请你记住：<u>未来的收入分配是一条N形的波浪曲线</u>。在未来，仅仅靠出卖自己的劳动力，干脏活和累活的劳动者收入会越来越高，受过专业训练的熟练劳动者收入更高，这是第一个小波峰。随后，收入水平会急剧下降。刚刚毕业的大学生收入水平是最低的，这是个波谷。最后，那些最具有创造力的天才人物收入水平最高，这是最高的波峰。

<u>干脏活、累活的劳动者收入会提高</u>。为什么会这样呢？随着劳动力数量的减少，人们收入水平的提高，脏活和累活谁都不愿意干，自然要给干这些活的人开更高的工资。2018 年来自美国旧金山的一条新闻说，由于旧金山市区流浪汉很多，公共厕所太少，导致街道上留下了很多粪便，旧金山市政府不得不请人专门清理粪便，这些清理粪便的工人的工资比硅谷资深程序员的工资还高！

<u>受过专业训练的熟练劳动者收入水平更高</u>，因为物以稀为贵。这些靠技能吃饭的职业，发展空间比我们想象的更大。你如果真心喜欢厨艺，就不会只满足于做个厨师，你会不断提升自己的手

艺，争取当上大厨，甚至赢得国际奖项，开一家自己的米其林餐厅。你可以用一辈子专心致志地做一件自己喜欢的事情，收入不差，受欢迎程度更高，获得的满足感和成就感会比坐办公室的人高很多。

未来收入水平最低、就业最困难的恰恰是刚刚毕业的大学生。他们缺乏工作经验，在大学里学到的知识一出校门就会过时，他们寻找的工作是最容易被人工智能替代的。他们以为自己拿到了通行证，但未来的大学文凭不能为他们做任何保证。有多少大学生毕业之后干的是自己所学的专业？有多少干自己所学专业的人，凭着在学校里学到的那些东西，到头来能干出名堂的？

只有极少数能保持自己的兴趣、没有让创造的火焰熄灭的那些人，才会变成发明家和创新者。他们可能上过大学，也可能没有上过，还有可能考上了大学又选择退学。<u>未来最成功的人是终身学习者，跟有没有上过大学没有太大的关系</u>。他们能成功是因为他们知道如何成为终身学习者。一些引领潮流的大企业，比如苹果、谷歌、IBM，甚至包括美国银行、希尔顿集团、劳氏、星巴克，都已经表示不再设置学历门槛，愿意接受没有上过大学的求职者。只要你有能力，它们就能为你提供高薪岗位。

孩子，你大胆地朝前走吧！

夕阳无言

太阳本来很晒，在操场上玩一会儿就满头大汗。快到傍晚的时候，初秋的阳光突然收敛了光热，变得格外明媚。有一半太阳已经沉到范家小学主楼后面的小山另一侧。夕阳给云朵染上了一层柔和的金色光芒，没有被夕阳照到的云朵则显得更加灰暗。教学楼前的操场上铺满了阴影。校门口的黑色铁门在夕阳的照耀下熠熠生辉。远处的青山上，一道炊烟升起。如果没有这道炊烟，你根本看不出密林后面还有人家。

范家小学食堂的炊烟也升起来了。柴房里堆着老师和孩子们捡来的枯树枝、干松针，还有摞起来的松木、青冈木的薄木板。炊烟里隐隐传来一股松香味。孩子们拿着小碗，排队等着取饭。一个小女孩来得有点晚了，她急急忙忙地跑过操场，余晖在她的身上摇曳闪烁。

天安门广场上刚刚降下国旗。这一天，北京的天空格外蓝。夕阳把厚厚的云朵装扮得金碧辉煌，广场周围的松树在暮色中像一张张剪影。华灯初上，很多路灯上都插着一面中华人民共和国国旗和一面中非合作论坛的白色旗帜，还有些路灯上插着说不出名字的非洲各国国旗，猎猎飘扬。哨兵站得笔挺，脚下放着一个绿色的灭火器。警车头上的灯忽闪忽闪。人们拿着长筒相机或举着手机拍照，一个戴着口罩的女人凑过去看她老公拍下的视频。

太阳的最后一缕光芒，照着北京城冷冷清清的建筑工地，照着小区里踢足球的孩子们，照着回巢的鸽群，照着疲惫而焦躁的车流，照着阿那亚海边孤独图书馆白色的墙壁，照着一队从北往南飞的大雁，照着在聚龙小镇跳广场舞的男男女女，照着苟村文昌宫旁边三三两两坐在一起摆龙门阵的老人，照着村头被山洪冲垮的断桥，照着山坡上长得稀稀拉拉的玉米地，照着寂静不语的青山，照着时而呜咽、时而沉默的莒溪河，照着停在路边野花上的一只黑色蝴蝶。

太阳既不留步，也不赶路。它像雪花一样寂静，像清风一样拂面。它看到了世间的一切秘密，却只是无言地照在所有幸福与不幸的人身上。

看点 05

托克维尔定律

我们必须建立一种社群生活，才能更好地发现自我；
只有当人们在公共生活中学会如何彼此相处，
一个社会才能更加平等、和谐。

从云到雨规律

社群的形态与发展各有不同，既离不开关键人物的刺激推动，也离不开其中每个人自发的相互作用。
关键人物是"凝结核"，每一个参与者都带来了"水汽"。

剧情反转

社会发展的剧情经常会有令人意想不到的转变，
劣势可能会变成优势，绝路可能会变成生路。
这意味着中国这棵大树的
母体有着极为旺盛的生命力。

重建社群趋势

重建社群趋势背后的力量，有丰裕社会中的精神需求变化，
有择邻而居的新生活方式选择，
同时也有沟通工具升级的助力。一个个社群不会成为封闭的孤岛，
他们会连成一片，给人们带来慰藉和希望，
慢慢改变我们的社会。

小而美学校

社群的力量已经开始在一些被我们忽视的角落里发挥作用，
比如农村小学。如果农村学校能够给孩子提供平等、包容、自信、乐观的
社群环境（这恰恰是农村小班教学的优势），
农村孩子的成长将不再是需要担心的社会问题，
他们反而可能比生产线式的城市教育产物更加适应社会的需要。

N形波浪曲线

在未来，仅仅靠出卖劳动力，干脏活和累活的劳动者收入会越来越高，
受过专业训练的熟练劳动者收入会更高，这是第一个小波峰。
随后，收入水平会急剧下降。刚刚毕业的大学生收入水平是最低的，
这是个波谷。最后，那些最具有创造力的天才人物收入水平最高，
这是最高的波峰。

注　释

1. 托克维尔. 托克维尔回忆录[M]. 董果良，译. 北京：商务印书馆，2010.
2. 托克维尔. 论美国的民主[M]. 曹冬雪，译. 南京：译林出版社，2010.
3. "丰裕社会"是美国经济学家加尔布雷思在研究"二战"之后的美国时首先提出来的，参见：John Kenneth Galbraith. The Affluent Society[M]. New York : Mentor, 1957. 加尔布雷斯是一位名气很大，但影响力被显著低估的经济学家。
4. 朱迪斯·哈里斯. 教养的迷思：父母的教养方式能否决定孩子的人格发展？[M]. 张庆宗，译. 上海：上海译文出版社，2015.

后　记

这件将影响我后半生的大事，是在一次饭桌上花了五分钟时间拍板定下来的。当时，我跟得到的创始人罗振宇聊起，自己很想像美国记者威廉·曼彻斯特一样写出《光荣与梦想》那样的书。罗胖认真地问："那你为什么不写呢？"我正想找各种托词，但突然意识到：是啊，为什么我不写呢？这正是我一直以来梦寐以求的事情啊。我最需要的就是这临门一脚。我要感谢罗胖对我的鼓励和支持，否则我绝无勇气承担这样庞大的写作工程。

从 2018 年起，我将每年写一本书，一共写 30 年，讲述我们这个时代的中国故事。为了把这件事情做好，我制定了七条规则，诫勉自己，也希望得到你的理解和支持。我把这七条规则称为"何帆规则"，具体内容如下。

何帆规则

规则 1	我会在未来 30 年用最多的精力、最大的热忱完成这项工程。30 年，一年一本书，共 30 本书。
规则 2	这套书中涉及内容的采访完全由我和我的团队完成。这套书的写作完全由我个人完成。如果由于健康问题，我写不动了，或是写不完了，剩下的工作将由我指定的接班人完成。
规则 3	在写作这套书的时候，我的身份不是学者而是学生，不是评论员而是观察者和记录者。我要看的时代背景非常恢宏，但我关注的更多是平凡人。我要写平凡人做的不平凡的事情。
规则 4	我会尽可能地通过采访获得第一手资料来做研究。我会为此采访各行各业、三教九流的人士。我会为此跑遍中国所有的省市。如果有必要，我也会为此跑遍跟中国故事有联系的其他国家。
规则 5	我会坚持独立的个人观点。当然，我深知这样的决定意味着这套书中将无法避免偏见和错误。这些偏见和错误都由我个人承担。
规则 6	我保留对书稿的最终修改权。我的书稿一般不会发给受访者，但我会尽可能认真地核对所有的细节。如果受访者要求我按照他们的想法修改，我只能要么在书中放弃这部分采访的内容，要么在修改的地方注明：此部分已根据受访者要求修改。
规则 7	我郑重声明，这套书中不包含任何植入广告、商业推广或其他宣传。

致　谢

　　没有一本书是靠作者本人独立完成的。今年的年度报告，我要感谢我的团队成员：昝馨、张向东、叶芊林、周彦、潘雨晴、宋笛、李蕊和文诗韵。感谢得到的朋友：罗振宇、脱不花、宣明栋、邵恒、梁建成、白丽丽、车灏楠、牛子牛。感谢中信出版社的方希、李英洪、蒋永军、曹萌瑶、李红梅、姜莉君、房博博。感谢我的家人、朋友的支持。最后，也是最重要的，感谢所有接受我采访的朋友，我从你们那里不仅学到了很多知识，更受到了很多鼓舞。

　　希望各位读者朋友能够对我的这项尝试提出宝贵的批评和建议，也希望你能向我提供更多的采访线索。欢迎通过邮箱（hefan30years@163.com）与我联系。